Johannes W. Schneider

Träume

besser verstehen

Verlag Freies Geistesleben

ISBN 3-7725-1264-X

1. Auflage der Taschenbuchausgabe 2004

Verlag Freies Geistesleben
Landhausstraße 82
70190 Stuttgart
Internet: www.geistesleben.com

Einbandmotiv: Odilon Redon, *Ophelia*,
Ian Woodner Collection, New York
Druck: AIT Nørhaven A/S, Viborg

Inhalt

Vorwort

«Träume sind Schäume», sagt ein altes Sprichwort. Gewiss, viele Träume sind bloßer Nachklang dessen, was wir am Tage erlebt haben, oft willkürlich zusammengewürfelte Bilder ohne tieferen Sinn. Viele Träume aber öffnen ein Tor zum Verständnis verborgener Seelenschichten, sie berichten von einem «Gespräch mit unserem wahren Selbst», wie ein japanischer Zenmeister des vierzehnten Jahrhunderts es formuliert hat.

Den Quell der Traum-Weisheit suchen heute viele Psychologen in dem persönlichen oder kollektiven Unbewussten, das sich am Tage nicht so deutlich äußern kann wie im Schlafe. Deshalb nannte Sigmund Freud die Traumdeutung den «Königsweg» zur Erforschung des Unbewussten. Die vorliegende Untersuchung möchte zeigen, dass der Traum im Wechselspiel zwischen zwei seelischen Instanzen entsteht, zwischen dem Gedächtnisträger, der die Bilder anbietet, und dem Dramatiker der Traumhandlung, der den Verlauf und die Stimmung des Geschehens bestimmt und dabei den vertrauten Bildern oft einen neuen und tieferen Sinn gibt. Deshalb sollte die Deutung nicht von einzelnen Traumsymbolen, sondern von Handlung und Stimmung ausgehen; denn erst auf diesem Hintergrund ist die Aussage der Symbolbilder zu verstehen. – Manche aus der psychologischen Literatur bereits bekannte Beispiele durften bei der Untersuchung nicht fehlen, weil sie sehr aussagekräftig sind. Die Beispiele ohne Quellennachweis stammen aus dem Archiv des Verfassers.

Johannes W. Schneider

I. Wie entstehen Träume?

Die Erinnerung an Träume

Wer seine Träume erzählen will, wird oft mit dem Eingeständnis beginnen müssen, dass er sich schlecht an sie erinnern kann. Vielleicht sind es nur Bruchstücke, die in das Wachbewusstsein hinübergerettet werden, vielleicht der Schluss des Traumes oder eine besonders eindrucksvolle Situation. Selbst Träume, die uns sehr bewegt haben, die uns in Angst und Schrecken versetzt haben, sind oft schon wenige Sekunden nach dem Erwachen dem Gedächtnis entschwunden. Oder vielleicht wissen wir beim Erwachen noch, dass wir eben wunderbar geträumt haben, dass wir ganz glücklich waren, aber wir haben vergessen, um was es in dem Traum ging.

Das ist vor allem dann der Fall, wenn wir uns beim Erwachen sogleich starken Sinneseindrücken zuwenden oder wenn wir uns auf einen Gedanken konzentrieren. Die Bilderwelt des Traumes weicht umso schneller zurück, je stärker das Wachbewusstsein punktuell konzentriert wird. Menschen, die beim Aufwachen sogleich ganz «da» sind, können sich deshalb in der Regel schwerer an Träume erinnern als solche, die sich langsam aus ihrem Traumleben lösen. Weniger wichtig für den Reichtum der Traumerinnerung ist es, ob ein Mensch mehr intellektuell veranlagt ist oder ob er mehr in der traumverwandten, bildschaffenden Fantasie lebt. So war Gottfried Keller ein besserer Traum-Erinnerer als der viel fantasiebegabtere Goethe. Und von Lessing wird sogar berichtet, dass er sich zeitlebens überhaupt nicht an Träume habe erinnern können.

Wer sich bald nach dem Erwachen den Traum noch einmal vergegenwärtigt, ihn also in die Vorstellungen des Wachbewusstseins einfängt, kann sich an diese Vorstellungen oft lange, vielleicht zeitlebens erinnern. Die häufig gebrauchte Redewendung «Ich kann mich an diesen oder jenen Traum aus meiner Kindheit erinnern» ist also ungenau. Nicht an den Traum selbst, sondern an die nach dem Erwachen gebildeten Vorstellungen erinnern wir uns – besonders gut dann, wenn wir den Traum aufgeschrieben oder einem anderen Menschen erzählt haben, weil die Vorstellungen dann stärker mit dem Willen durchdrungen wurden.

Nicht nur kurz nach dem Erwachen können Erinnerungen an Träume auftauchen, sondern auch bei Erlebnissen des Tages, die eine innere Verwandtschaft zu vorausgegangenen Trauminhalten haben. Bei solchen Erlebnissen stutzen wir zunächst und haben das Gefühl, das sei uns doch alles bekannt, das hätten wir schon einmal erlebt – bis schließlich (manchmal) die Erinnerung an die entsprechende Traumsituation auftaucht. So ist mir einmal am Nachmittag ein Traum aus der vorangehenden Nacht allmählich wieder gegenwärtig geworden, und ich bin mir sicher, dass ich bis dahin keinen Gedanken auf diesen Traum verwendet hatte, dass also sein Inhalt viele Stunden nach dem Erwachen erstmals erinnert wurde.

Solche Erfahrungen zeigen, dass Trauminhalte für eine gewisse Zeit erhalten bleiben, doch sind sie dann nicht mehr willkürlich erreichbar, sondern eine gegenwärtige Vorstellung kann das verwandte Traumbild in das Bewusstsein locken. Das geschieht, wenn die Stimmung im gegenwärtigen Tages-

Erleben derjenigen des Traumes verwandt ist oder wenn ein Mensch jetzt mit ähnlichen Gesten und mit einer ähnlichen Betonung spricht oder wenn mein Gesprächspartner mit einem ähnlich verlegenen Lächeln auf meine Frage antwortet oder ... Es sind also oft nicht gleiche, formulierbare Inhalte, die den Traum wieder aufrufen, sondern Vertrautheitsqualitäten – ähnlich wie im Tagesleben die gegenwärtige Wahrnehmung frühere Erfahrung wieder aufrufen kann. Wenn ich einen Menschen kennen lerne und im ersten Augenblick sage «Sie erinnern mich an jemanden, ich weiß aber noch nicht, an wen», so kommt mir irgendetwas an Erscheinung oder Verhalten dieses Menschen vertraut vor. Und schon fällt mir ein: Der immer wieder nach rechts oben abschweifende Blick ist es, der mich an einen Bekannten erinnert, der viel älter ist, der einen Bart trägt und schwarze Haare hat, während mein augenblicklicher Gegenüber bartlos ist und nur einen spärlichen Haarwuchs hat. Irgendetwas, wenn es nur ausdrucksvoll war, also hier der charakteristische Blick, stellt die Beziehung her. Nicht die ordnende Überschau über die Erfahrungsinhalte wirkt, sondern die Assoziation, die Verbindung zweier Erlebnisse aufgrund der ähnlichen Stimmung oder sonstiger Vertrautheitsqualitäten. Die Assoziation erscheint dem kritischen Bewusstsein des Tages oft willkürlich, aber sie ist ein wesentliches Gestaltungsmittel des Traumes, und wir sind am Tage ein Stück traumnäher, wenn wir assoziieren.

Die Stimmung – oder genauer gesagt: die Nachstimmung – des Traumes ist es, die nach dem Erwachen oft leichter erinnert wird als die Traumbilder selbst. In der Nachstimmung wird der Gefühlshintergrund deutlich, der die Handlung und die Bilder des Traumes getragen hat. Und wenn es gelingt, diese Nachstimmung zu erhalten, tauchen oft auch die einzelnen

Bilder wieder auf. Die Traumstimmung ist also gegenüber dem einbrechenden Wachbewusstsein widerstandsfähiger als die flüchtigen Traumbilder.

Die Nachstimmung des Traumes ist jedoch zu unterscheiden von der Stimmung oder Laune, die sich nach dem Erwachen einstellt und die lange in den Tag hineinwirken kann. Ich fühle mich wohl oder unwohl, ich bin mit dem richtigen oder mit dem falschen Bein aus dem Bett gestiegen. Hier ist das Gefühl schon egozentrisch orientiert, während die Nachstimmung des Traumes den Menschen umschwebt und mit dem beginnenden Tag gar nichts zu tun hat.

Während des Traumes selbst sind Bild und Stimmung eng miteinander verbunden. Es gibt kaum Traumbilder, denen der Mensch neutral oder gelassen gegenübersteht, wie dies bei Sinneseindrücken oft der Fall ist. Nicht nur die Bilder von Menschen und Tieren, auch diejenigen von Gegenständen haben einen unmittelbaren Bezug zum Träumer. Der Raum oder die Landschaft, in der er sich befindet, ist Ausdruck seiner inneren Gestimmtheit, hat oft eine symbolische Bedeutung, die für das Verständnis des Traumes wichtig sein kann. Die enge Verknüpfung von Bild und Stimmung macht es überhaupt erst möglich, dass wir uns an Träume erinnern. Der Anknüpfungspunkt ist fast immer die Nachstimmung des Traumes, weil diese den Gefühlen des wachen Tageslebens nahe steht, während die Verknüpfung der einzelnen Bilder zur Traumhandlung der gewohnten Verknüpfung der Vorstellungen im Wachbewusstsein wesentlich fremder ist.

Wer seine Traum-Erinnerung schulen will, beginnt wohl am besten damit, der verbliebenen Stimmung nachzulauschen. Damit steigert er seine Offenheit, während der Versuch, nach einem einzelnen Bild zu greifen, allzu leicht in die punktuelle

Konzentration des Wachbewusstseins hinüberführt. Die Nachstimmung erschließt am ehesten den Traumverlauf, die Gesamtheit der Handlung, die erst den Sinn des Traumes deutlich machen kann. Dass viele Träume uns wie Bruchstücke erscheinen, liegt oft nicht an der Unvollkommenheit des Traumes, sondern an der Schwäche der Traumerinnerung.

Der Übergang vom Wachen zum Traum

Neben der Erinnerung an Träume gibt es einen zweiten Weg, in der Selbstbeobachtung sich dem Verständnis der Traumwelt zu nähern: die Beobachtung des Einschlafens. Wenn wir uns in der Übermüdung gegen den Schlaf wehren oder wenn bei Einschlafstörungen der Übergang in die Traumwelt verlangsamt wird, sind die einzelnen Stadien dieses Prozesses besonders gut zu verfolgen.

In der Übermüdung fällt es zunehmend schwerer, die Gedanken folgerichtig zu ordnen. Wenn wir nun gar noch einem langweiligen Vortrag zu folgen versuchen, geht zunächst das Bewusstsein dafür verloren, welche Stellung die einzelne Aussage innerhalb des Gedankenzusammenhanges hat. Es schließt sich ein Gedanke nicht mehr sinnvoll an den vorausgehenden an. Die Aktivität bei der Verknüpfung der Gedanken wird abgelähmt, und stattdessen drängen einzelne Gedanken mit größerer Eigenaktivität vor. Die Führungsinstanz des Wachbewusstseins lässt die Zügel locker. Während der allmählich einnickende Zuhörer die mangelnde Logik der Gedankenführung schon nicht mehr bemerkt, ist er durch bestimmte Sinneseindrücke, vor allem auf akustischem Gebiet, noch eher erreichbar. Er wird plötzlich munter, wenn der Redner verstummt. Oder dann, wenn ein Wort verwendet wird, zu dem der Hörer einen emotionalen Bezug hat, vielleicht der Name seiner Heimatstadt. Die Führungsinstanz des Wachbewusstseins, das Ich, löst sich also im Allgemeinen rascher und leichter aus der Verbindung mit den Gedankeninhalten, als diese sich aus der Verbindung mit dem Sinnesorganismus lösen.

Wer es manchmal schwer hat einzuschlafen, kennt vielleicht einen Zwischenzustand zwischen Wachen und Träumen. Man liegt im Bett und möchte gerne einschlafen, aber bestimmte Probleme des Tages lassen einen nicht los. Bis tausend zu zählen, ist mir in solchen Situationen zu stumpfsinnig, deshalb versuche ich, die Muskeln zu entspannen, mich auf den Atem zu konzentrieren. – Aber der Verstand will sich noch nicht zur Ruhe begeben. Immer wieder ärgert er mich mit seinen Einflüsterungen: Aber man könnte das Problem doch ganz anders sehen ... Bis ich schließlich bemerke, dass die Vorstellungen völlig «unsinnig» aufeinander folgen, ich verbinde sie nicht mehr, sie scheinen überhaupt nicht mehr miteinander verbunden zu sein, sondern beziehungslos nebeneinander zu stehen. Dann bin ich zufrieden, denn ich weiß: Nun beginne ich einzuschlafen. In diesem Zwischenzustand hat sich die führende Instanz des Wachbewusstseins bereits zurückgezogen, aber eine neue Führungsinstanz hat noch nicht eingegriffen. Es gibt noch nicht eine Traumhandlung. Die Erinnerungen zeigen ihre eigene Dynamik, ohne dass sie von sich aus ein Gesamtbild herstellen könnten. Es ist also ein führungsloser Zwischenzustand zwischen der folgerichtigen Verbindung der Gedankeninhalte am Tage und der in sich geschlossenen Traumhandlung.

Der nächste Schritt bringt nun die vollständige Lösung des Seelenlebens von dem Sinnesorganismus. Es treten Bilder auf, die nicht mehr den gewohnten Vorstellungs-Charakter haben. Ihnen fehlt die Tiefe des dreidimensionalen Raumes, die neutrale Gegenständlichkeit. Sie sind in ständiger Bewegung und ziehen uns mit in ihr Treiben. Daher verliert der Mensch auch das Erleben einer zeitlichen Perspektive, er kann sich nicht mehr über den Augenblick erheben. Die Konzentration auf einen gleichbleibenden Seeleninhalt, die am Tage eine wesentliche Stütze des Selbstbewusstseins war, geht verloren.

Dieser Übergang wurde mir einmal anschaulich deutlich, als ich während einer Autofahrt (als Beifahrer) einschlief. Beim Einsinken des Körpers wurde der Druck des Kartenfaches gegen mein Knie allmählich stärker und holte mich wieder ins Wachbewusstsein zurück, wobei ich bemerkte, wie das Traumbild eines zentnerschweren Sackes auf meinem Rücken förmlich in die Vorstellung des drückenden Autoteils hineinschlüpfte.

In diese Bilderwelt greift schließlich die neue Führungsinstanz ein, die die einzelnen Bilder zur Traumhandlung verbindet. Wenn der Mensch nicht in belastenden Erlebnissen des Tages gefangen bleibt, gelingt es ihm mühelos, in die Dynamik, oft in die Beschwingtheit der Traumhandlung einzutreten und Dinge zu tun, die ihm im Alltag ganz unmöglich wären, zum Beispiel zu fliegen.

Beim Übergang in den Traum gehen, einige Fähigkeiten des Wachbewusstseins verloren:

1. die Distanz zu den Erlebnisinhalten,
2. das folgerichtige Denken,
3. die Beachtung der Naturgesetze,
4. die räumliche und die zeitliche Perspektive,
5. die Initiative, die dem Traumverlauf eine andere Wendung geben könnte.

Doch im Traum gehen nicht nur Fähigkeiten des Wachbewusstseins verloren, sondern es treten auch neue auf. Während die Vorstellungsinhalte am Tage (hoffentlich) folgerichtig miteinander verbunden werden, sind die Traumbilder durch Assoziation miteinander verknüpft, vielleicht aufgrund ihrer Nachbarschaft im Sitz des Gedächtnisses, häufiger aber aufgrund einer verwandten Stimmung. Dabei können sich Inhalte scheinbar willkürlich oder zufällig zu einer Traumhandlung zusammenschließen, die für das Urteil des Wachbewusstseins nichts miteinander zu tun haben, wie das folgende Beispiel zeigt:

TRAUM 1

> Ich träume, dass ich bei einer Kollegin zum Abendessen eingeladen bin. Für uns beide ist ein langer Tisch als Buffet gedeckt, und ich bin eben dabei, die Vielfalt der angebotenen Gerichte genießerisch zu betrachten. Da öffnet sich die Tür, und ein Jugendfreund kommt, einen Rollenkoffer hinter sich herziehend, in den Raum herein. Wir begrüßen uns herzlich und setzen uns zum Essen nieder.

Wenige Tage vor diesem Traum war ich von einer Urlaubsreise zurückgekehrt. Dort hatte ich in meinem Strandhotel das täglich wechselnde reichhaltige Angebot des buffet dinner, das auf einem langen Tisch angerichtet war, sehr geschätzt. Kein Wunder also, dass dessen Bild mich Tage später, als ich mich abends wieder mit Käsebrot zu begnügen hatte, noch im Traum begleitete. Dass das große Angebot der Speisen nicht nur für meine Kollegin und für mich, sondern für mindestens fünfzig Personen gereicht hätte, fiel mir im Traume nicht auf.

Ich war völlig in den Anblick des Buffets vertieft. – Bei der Rückkehr vom Urlaub hatte ich den Brief eines Jugendfreundes vorgefunden, von dem ich lange nichts gehört hatte. Ihm gab ich im Traum den Rollenkoffer in die Hand, den ich auf der Reise benutzt hatte. Dass der Freund mit diesem großen Rollenkoffer zum Abendessen kam, erstaunte mich gar nicht, auch nicht, dass er die Adresse erfahren hatte, wo ich heute zu Abend essen wollte, bei der Kollegin, die er gar nicht kannte. Und selbst die Kollegin schien im Traume nicht erstaunt zu sein über den unbekannten Besucher. Jedenfalls nahm sie dessen Erscheinen ebenso selbstverständlich hin wie ich. Nach dem Ende der Urlaubsreise war ich nun auf den Wiederbeginn der Arbeit eingestellt, aber der Traum ist nicht so plump, die inzwischen angefallene Arbeit auf den Schreibtisch zu legen, sondern er konkretisiert und personifiziert die Berufspflichten in der Gestalt der Arbeitskollegin, und er tut das in einer so freundlichen Weise wie der eben geschilderten.

Die erste Leistung dieses Traumes besteht also darin, dass er Erlebnisse der jüngst vergangenen Zeit aufgreift, Erlebnisse, die nicht nur den Verstand, sondern auch das Gefühl angesprochen haben. Die zweite Leistung ist es, dass er die einzelnen Motive, die am Tage nichts miteinander zu tun hatten – das buffet dinner, die Kollegin, den Jugendfreund, den Rollenkoffer – in Beziehung zueinander bringt, dass er aus diesen Motiven eine Traumhandlung komponiert. Das gelingt dem Traum offenbar mühelos und wahrscheinlich einfacher, als wenn uns am Tage in einem Gesellschaftsspiel die Aufgabe gestellt worden wäre, aus diesen Motiven eine Geschichte zu erfinden.

Mancher Traumdeuter wird vielleicht versucht sein, in diesen Bildern einen tieferen Symbolgehalt zu erkennen, etwa in der Einladung bei der Kollegin den nicht eingestandenen Wunsch nach einer tieferen Beziehung, die, wie der Blick auf den gedeckten Tisch zeigt, manchen Genuss verspricht. Der eintretende Freund wäre dann ein Teil meiner Seele, eine Hemmung oder eine Art Gewissensstimme, die das Ausleben des Genusses verhindern will. – Traumdeutung verlangt jedoch eine gewisse Zurückhaltung. Bilder können überinterpretiert, es kann ihnen ein Sinn untergeschoben werden, der nicht aus dem Traum selbst hervorgeht. In der Deutung muss daher der Bildgehalt immer auf dem Hintergrund von Handlung und Stimmung des Traumes gesehen werden. Wenn etwa der Eintritt des Freundes als Störung des Handlungsverlaufs empfunden worden wäre oder wenn der Freund mit einer Mischung von Freude und Verärgerung begrüßt worden wäre, dann läge es nahe, nach einem nicht ausgesprochenen Motiv des Traumes zu suchen. Dazu jedoch gibt der Verlauf des Traumes keine Veranlassung. Die Handlung ist einfach und unkompliziert, die einzelnen Bilder sind als Widerspiegelung von Erinnerungen ausreichend erklärt, die Stimmung des Traumes ist gleichbleibend glücklich. In der Handlung eine Kombination von Wunsch- und Warnungstraum zu sehen, ist daher unbegründet. Wenn die einfache und nahe liegende Deutung eine hinreichende Erklärung für die Entstehung eines Traumes gibt, ist es nicht gerechtfertigt, nach tieferen seelischen Problemen zu suchen, die sich angeblich im Traum aussprechen.

Träume spiegeln nicht nur gefühlsbetonte Erinnerungen wider, sondern können auch solche Erlebnisse aufgreifen, die am Tage kaum beachtet wurden. So erwachte ich eines Morgens aus einem intensiven Traum von einem Menschen, von dem ich zunächst meinte, ich kenne ihn überhaupt nicht. Erst nach längerem Besinnen fiel mir ein, dass ich ihm kürzlich in einer größeren Gesellschaft begegnet war, dass ich ihn aber kaum beachtet hatte. Genauer gesagt: In Gedanken hatte ich mich mit anderem beschäftigt, und unbemerkt hatte sich mein Gefühls- und Willens-Mensch sehr für diese Persönlichkeit interessiert. Wenn beim Einschlafen die Gedankenführung zurücktritt, kann dieses Interesse zur Geltung kommen. Und ich träumte nun von diesem Menschen so, dass seine Sprache, sein Blick, seine Gestik recht deutlich nach dem Aufwachen noch erinnert wurden – ein Zeichen dafür, dass ich in jener Gesellschaft wahrnehmend der Sprache, der Gestik und dem Blick gefolgt bin, während die gedankliche Aufmerksamkeit auf andere Inhalte gerichtet war. Im Traum konnte dann der in der Wahrnehmung wirkende Wille das Bild dieses Menschen, das im Wachbewusstsein kaum noch erinnerbar war, von neuem aufbauen.

Der Traum greift also nicht irgendwelche Erlebnisse des Tages auf, sondern diejenigen, an denen der Wille und tiefer liegende Gefühle intensiv beteiligt waren. Manche Träume von scheinbar unbekannten Personen und Situationen finden so ihre Erklärung.

Manche Erlebnisse würden vergessen werden, wenn sie nicht in kraftvollen Traumbildern fortlebten. So berichtet der erblindete Schriftsteller Oskar Baum, dass er sich kaum noch an Farben erinnern könnte, wenn er nicht immer wieder farbig träumen würde. Das optische Erleben setzte sich in seinen Träumen fort, in die sich allerdings an einer bemerkenswerten Stelle das spätere, stärker taktil bestimmte Wahrnehmen einschieben konnte. Als er nämlich im Traum die Ortsbezeichnung einer Eisenbahnstation vor sich hatte, erschien diese in Blindenschrift. Das ist leicht verständlich, da der Schriftsteller viel mit Blindenschrift umging und diese die optische Buchstabenschrift zurückgedrängt hatte.

Nicht nur solche Erlebnisse können im Traum wieder auftauchen, die dem Gedächtnis zu entschwinden drohten, sondern auch solche, die wir nicht wahrhaben wollten oder die wir verdrängt haben. Da wir der Traumhandlung weitgehend ausgeliefert sind, können wir uns gegen Erlebnisinhalte kaum wehren, wie das am Tage der Fall ist, wenn wir bestimmte Gedanken und Gefühle einfach nicht zulassen. Was tun wir doch im Traume aus Neid, aus Rachsucht oder in sexueller Erregung, was uns nach dem Aufwachen sehr peinlich wäre – wenn wir die Erinnerung an den Traum nicht gleich beiseite schieben würden. Wer im Schlafe spricht, lässt allerdings sogar andere an den vielleicht verdrängten Seeleninhalten teilhaben.

Solche Träume kommen ganz ähnlich zustande wie diejenigen, in denen ein nicht beachtetes Erlebnis aufgegriffen wird. Während des Tages haben sich der Wille und das emotionale Engagement mit Inhalten verbunden, die von der Gedankenkontrolle zurückgewiesen, also unter die Schwelle des wachen Bewusstseins gedrängt wurden. Mit dem Aufhören der Gedankenkontrolle beim Einschlafen können sie nun oft ungehindert aufsteigen und sich im Traum ausleben.

Da es Seeleninhalte gibt, von denen wir uns keine Rechenschaft ablegen, die uns «nicht einmal im Traum einfallen» würden, hat Sigmund Freud von einer Traumzensur gesprochen, von einer inneren Instanz, die bei der Entstehung des Traumes solche Motive zurückweist, die unseren moralischen Normen widersprechen. Dadurch werde der Traum gezwungen, diese Motive weitgehend, ja bis zur Unkenntlichkeit zu entstellen, sodass die Zensur nicht mehr erkennt, um was es sich handelt, und dann diese Motive zulässt. Der Hypothese von einer Traumzensur widersprechen aber zwei Beobachtungen: dass wir der Traumhandlung weitgehend ausgeliefert sind und dass viele Normen (nicht nur die moralischen, sondern auch die logischen und die naturgesetzlichen) im Traum weitgehend ausgeschaltet sind. Nicht unwirksam dagegen werden feste, vor allem automatisierte Gewohnheiten, die den Willen geformt haben. Deshalb können Inhalte, die unserer inneren Lebenseinstellung widersprechen, auch während des Traumes zurückgewiesen werden. Aber das tut nicht eine von außen eingreifende Instanz, eine Zensur, sondern das tut eine Macht, die am Entwurf der Traumhandlung selbst beteiligt ist.

Andererseits gibt es Inhalte, die während des Wachbewusstseins vom denkenden Menschen nicht beachtet, vielleicht auch verdrängt werden, für die sich der Wille und die willensnahen Gefühle jedoch interessiert haben. Diese Inhalte können sich im Traum, wenn die Macht des Denkens zurückgetreten ist, geltend machen. In der Annäherung an den Wachzustand aber wird oft der denkende Mensch wieder wirksam: indem der Träumer sich von der Traumhandlung zu distanzieren beginnt, indem er Zweifel äußert, indem er Stellung nimmt. Damit wirkt nicht eine eigene Instanz der Traumzensur, sondern der tagwache Mensch greift voraus gestaltend in den Traum ein. Und schließlich: Viele «Entstellungen» können recht einfach erklärt werden als eine Eigenart des Traumes selbst, nämlich dass er sich in Symbolbildern ausspricht, in Symbolbildern vielleicht, deren Sinn sich nicht sogleich erschließt.

Die bisher geschilderten Funktionen des Traumes sind aus dem vorausgegangenen Wachbewusstsein zu verstehen, als Wandlung oder als Steigerung von dessen Fähigkeiten. Ein weiterer Wesenszug des Traumes aber steht geradezu im Kontrast zu dem wachbewussten Erleben. Indem wir Vorstellungen haben, sehen wir die Welt in Bildern um uns herum und erleben uns als deren Mittelpunkt. Unsere Gedanken, Gefühle und Willensregungen dagegen erscheinen uns nicht bildhaft, sondern als bildlose Innerlichkeit. Beim Einschlafen wird nun die egozentrische Orientierung des Seelenlebens aufgelöst, und damit werden die Gedanken, Gefühle und Willensregungen nach außen projiziert, sie treten uns in Bildern gegenüber. Der Mensch, der im Groll auf seinen Nachbarn eingeschlafen ist, begegnet im Traum einem bissigen Hund, der ihn anspringt.

Diese Bilder sind also Seeleninhalte, die sich beim Einschlafen verselbstständigen und zu handeln beginnen. Außerdem ändern sie die Richtung ihres Wirkens: Der Groll war am Tage vom Träumer auf den Nachbarn gewendet, im Traum kommt er in der Gestalt des bissigen Hundes von außen auf den Träumer zu. Diese Umkehr von dem punktuellen in ein peripheres Selbsterleben ist der Schlüssel zum Verständnis vieler Träume.

Auch einander widerstreitende Seelenhaltungen können sich im Traum geltend machen und dann in mehreren Gestalten erscheinen. So bei einem Mann, der träumte, er wolle am Bahnhof eine Fahrkarte lösen, habe aber nur noch wenig Zeit bis zur Abfahrt seines Zuges. Der Reisende vor ihm am Schalter fragte mehrfach und recht umständlich nach verschiedenen Verkehrsverbindungen. Der Ärger und die Ungeduld des Träumers wuchsen, bis er von seiner Erregung erwachte. Im Gespräch wurde dem Mann deutlich, dass er beide Neigungen in sich hatte, die nervöse Ungeduld und die Umständlichkeit, und dass diese sich gegenseitig steigerten. Der Traum schätzt jedoch nicht eine komplizierte Seelenverfassung seiner Gestalten, und deshalb verlagert er die einander widerstreitenden Neigungen auf zwei verschiedene Personen.

Nicht nur einzelne Seeleninhalte, sondern auch die Gesamtperson kann uns von außen entgegentreten. Einfacher gesagt: Wir können von uns selbst träumen. Zum Beispiel so, dass wir ein Zimmer betreten und uns darin am Tisch sitzen sehen, uns also von außen betrachten. Dabei wissen wir schon während des Traumes, dass wir es sind, der da sitzt, aber wir identifizieren uns nicht oder nicht völlig mit dieser unserer Gestalt, sondern eher mit demjenigen, der das Zimmer betritt und der wir ja auch sind. Die Gefahren, Leiden oder Freuden, die unsere vor uns sitzende Gestalt durchmacht, werden vielleicht recht genau erfasst, aber sie sind nicht unsere eigenen.

So erzählt der Philosoph Johannes Volkelt einen Traum, in dem er sich von außen gesehen hat.

Traum 2

«Mir träumte, ich sehe meinen Doppelgänger mit eingefallenem Gesicht sich im Bette herumwälzen, während ich selbst im Zimmer angstvoll hin und her laufe. Ich hatte die Vorstellung, mein zweites Ich habe sich vergiftet und sei dem Tode nahe. Doch war es mir trotz aller Angst, als ob ich selbst durch den Tod meiner anderen Gestalt nicht getroffen würde.»[1]

In solchen Träumen tritt also eine Spaltung der Persönlichkeit auf. Derjenige, der sein Ebenbild von außen sieht, ist der aktivere, ist derjenige, der einen Überblick über die Situation hat; er weiß, was vorgeht, ist aber von der Situation nicht unmittelbar betroffen, er ist souverän ihr gegenüber. Derjenige, der im Bett liegt, ist der Situation oder Traumhandlung ausgeliefert. Deshalb treten diese Träume vor allem dann auf, wenn es dem Menschen gesundheitlich schlecht geht, wenn er Sorgen hat, wenn er mit sich selbst nicht einig ist – wenn er sich aber nicht unterkriegen lässt, sondern den misslichen Verhältnissen seine Initiative entgegensetzt. Die Spaltung der Persönlichkeit in einen betroffenen und in einen sich über die Situation stellenden Menschen ist oft schon im Wachbewusstsein vorhanden und wird im Traum verbildlicht. Der aktive Mensch Johannes Volkelt muss wegen der Vergiftung seines Doppelgängers nicht sterben. Die Souveränität des Menschen wird nicht im Traum und durch den Traum entwickelt, sondern am Tage oder im Tiefschlaf; und wenn Aufwachträume eine solche Souveränität zeigen, so spiegeln sie wohl die im Tiefschlaf gewonnene Haltung wider. Die eigentliche Verarbeitung der Probleme kann allerdings nur am Tage erfolgen.

Als ich für Strafgefangene einen Kurs über psychologische Themen hielt, meinte ein Teilnehmer, es sei schön, dass Lebensprobleme im Traum gelöst werden könnten. Ich fragte zurück: Wenn er träume, dass es ihm gelungen sei, sich unentdeckt von der Gefängnismauer abzuseilen, ob er sich dann am nächsten Tag glücklicher fühle. Sicher nicht, war die Antwort.

Dass ein solcher Traum von der gelungenen Flucht in verschiedener Weise gedeutet werden kann, stand hier nicht zur Debatte. Er könnte ein Wunschtraum gewesen sein, und dann würde nach dem Erwachen die wirkliche Situation nur umso bedrückender erlebt. Die Aktion der Befreiung könnte auch anzeigen, dass der Gefangene sich innerlich von der Fixierung auf seine Lebensverhältnisse gelöst hat, dass er gegenüber der Situation souveräner geworden ist. Das wäre wahrscheinlich an der Nachstimmung des Traumes zu erkennen. Die veränderte innere Haltung aber wird dann nicht während des Traumes entwickelt, sondern durch ihn nur verbildlicht.

Eine weitere Fähigkeit des Traumes ist die Komposition der Handlung auf einen Höhe- und Schlusspunkt hin.

TRAUM 3

> Kurz nach der Rückkehr vom Urlaub in den Alpen träumt ein Mann von einer Bergwanderung, die er zusammen mit einigen Freunden unternimmt. Der Anfang der Handlung, wohl der Aufbruch im Hotel, konnte nicht mehr erinnert werden, aber dann deutlich der Aufstieg auf einem Pfad, der ruhige und beständige Wanderschritt. An einer Wegbiegung stand eine Bank, auf der sich die Männer niederließen und die schöne Aussicht auf die Bergkette genossen. Der Weg führte weiter an den Rand einer Schlucht, er wurde beschwerlicher, der schöne Ausblick war verschwunden und die Stimmung war düsterer. Da ging plötzlich mit mächtigem Getöse eine Geröll-Lawine nieder. Im Schrecken darüber wurde der Träumer wach und griff auch schon nach der linken Seite, um den rasselnden Wecker abzuschalten.

Das Weckergeräusch wurde offensichtlich in der Geröll-Lawine verbildlicht. Wenn der Mann wirklich, wie er es empfand, aus einem tiefen und festen Schlaf aufgewacht ist, so hat das Weckergeräusch den Traum ausgelöst, aber es erscheint erst am Schluss der Handlung. Und doch ist deren Verlauf von Anfang an auf diesen Höhe- und Schlusspunkt hin komponiert. Die Bilder zu Beginn verraten noch nichts von dem unfreundlichen Wecker, der uns am Morgen begrüßt. Der Blick und die

Stimmung haben noch die Weite, die unsere Lösung vom Leibe widerspiegelt. Dass eben diese Bilder gewählt werden, liegt nahe, da sie aus den vorangegangenen Urlaubstagen bereitliegen. Mit der weiteren Wanderung am Rande der Schlucht wird das Blickfeld verengt, die Stimmung verdüstert, es geht allmählich hinein in die Enge des Leibes. Und nun werden die Eindrücke der Sinne, also hier das Rasseln des Weckers, aufgegriffen, allerdings noch nicht als reine Sinnesempfindung, sondern der Traum ist noch stark genug, sie zu verbildlichen. Welche seelische Instanz die Traumhandlung komponiert und wie sie arbeitet, soll im nächsten Kapitel genauer beschrieben werden. Hier ging es nur um die Fähigkeit und Eigenart des Traumes, die Handlung vom Schlusspunkt her zu entwickeln.

Die auffallendste und vielleicht wesentlichste Fähigkeit des Traumes ist das Symbolisieren. Der Traum spricht sich in Bildern aus, die oft aus dem Wachbewusstsein wohl bekannt sind, gibt ihnen aber einen eigenen, vom Alltagsleben abweichenden Sinn. Was der Traum meint, sagt er in einer Form, die dem Verstand nicht ohne weiteres zugänglich ist, er «verschlüsselt», wie man gerne sagt, seine Botschaft in Symbolen. Sigmund Freud ging noch weiter und meinte, hier eine Absicht des Traumes zu erkennen. Denn oft wehre sich der Mensch dagegen, den eigentlichen Sinn des Traumes, den latenten (verborgenen) Traumgedanken, zu akzeptieren. Deshalb greife die schon erwähnte Traumzensur ein und lasse nur eine verschlüsselte Bildersprache zu. Der Mensch müsse deshalb, wenn er den Traum verstehen will, den Weg vom erinnerten Traumverlauf, dem so genannten manifesten (offenkundigen) Trauminhalt, zurückgehen zu dem eigentlich Gemeinten, zum latenten Traumgedanken, ehe dieser entstellt wurde.

Nun gibt es durchaus Situationen, in denen der Traum absichtlich etwas verheimlicht, vor allem dann, wenn es um das Motiv des Todes geht. Darüber soll im fünften Kapitel ausführlicher gesprochen werden. Die Bildersprache als solche ist jedoch nicht eine Verschlüsselung oder gar Entstellung, sondern die ganz natürliche Sprache des Traumes. Diese will in aller Regel dem Menschen nicht absichtlich etwas verschleiern, sondern es liegt an dem Unvermögen des Verstandes, sich in die Sprache der Traumhandlung und -bilder einzuleben, wie es uns vielleicht auch schwer fällt, den Handlungsverlauf und die Bilder von Märchen und Sagen zu verstehen, die ja auch nicht einen Sinn verschleiern, sondern offenbaren wollen.

Der Gedanke an eine Verschlüsselung des Traumgehalts berücksichtigt nicht die einfache Beobachtung, dass der Mensch während des Träumens den Traum versteht – es sei denn kurz vor dem Aufwachen greife schon die kritische Distanz des denkenden Bewusstseins ein und löse den Menschen aus der Einbindung in die Traumhandlung. Ebenso «verstehen» Kinder ganz selbstverständlich den Sinn gut erzählter Märchen, ohne dass sie Erläuterungen brauchen. Das Kind «versteht» die Märchen nicht durch verstandesmäßige Entschlüsselung, sondern es weiß, was ein Königssohn, eine Hexe und die Haulemännchen sind, weil es erlebt, wie diese handeln.

Das Wesen der Bilder-Sprache ist nur zu erfassen durch das Verständnis des Bewusstseinswandels, den der Mensch durchmacht. Aus dem selbstvergessenen Mitvollzug des Weltgeschehens entwickelt das Kind ein Bild-Bewusstsein und schließlich eine verstandesmäßige Erfahrung der Welt. Entsprechend ging die Menschheit von einer magischen über eine mythische zur Verstandeskultur. Und immer erneut vollzieht der Mensch diesen Bewusstseinswandel im Gang von der Selbstvergessenheit des Tiefschlafs über die Bilderwelt des Traumes zur distanzierten Welt-Erfahrung des Wachbewusstseins. In den Träumen werden also nicht gedankenhafte Selbsterfahrungen in Bildern verschlüsselt, sondern in ihnen gerinnt zum Bild, was vorher ein willenshafter Mitvollzug der eigenen Lebenssituation war – im selbstvergessenen Tiefschlaf oder im Willensengagement des Wachbewusstseins.

Genau gesagt, ist der Traum, ebenso wie das Märchen, noch nicht der Ausdruck des reinen Bildbewusstseins, das Bild spricht noch nicht durch sich, sondern ist nur auf dem Hintergrund der Handlung verständlich, aus der es hervorgeht. Daher wäre es unsinnig, eine Tabelle anzulegen über die Bedeutung der einzelnen Bilder. Der Wald hat im Traum und im Märchen eine sehr verschiedenartige Bedeutung, je nachdem, ob man sich in ihm einsam oder geborgen fühlt, ob man ihn durchwandert oder ob man sich in ihm verirrt, ob wilde Tiere in ihm leben oder ob er friedlich stimmt. Und doch sind typische Verwendungen der Bilder erkennbar. Dafür ein Beispiel:

Traum 4

«Der Chef der Kinderklinik an der Wiener Universität, Professor Freiherr von Pirquet, ein Arzt, der Weltruf genießt, ist das Opfer eines eigentümlichen Unfalls geworden. Professor Pirquet weilte mit seiner Frau zur Kur in Karlsbad und bewohnte ein Zimmer im ersten Stock des Hotels Pupp. Er litt seit einigen Tagen an einer Wurzelhautentzündung und hatte deshalb eine Dosis Veronal genommen, um die Schmerzen zu lindern. In der Nacht erwachte seine Frau, von Hilferufen geweckt, die vom

Hofe her ins Zimmer schallten. Das Bett neben ihr war leer, das Fenster stand offen. Im Hof lag Professor Pirquet, der aus dem Fenster gestürzt war und ernste Verletzungen erlitten hatte. Er erzählte, dass er das Opfer eines entsetzlichen Traumes geworden sei. Er habe geträumt, er sei in einem brennenden Stall und werde von allen Seiten von Flammen umzingelt. Deshalb habe er das Fenster aufgerissen und sei hinuntergesprungen.»[2]

Das zentrale Motiv des Traumes ist der brennende Stall, in dem sich der Professor eingeschlossen fühlt und aus dem er zu fliehen versucht. Die Beschwerden der Wurzelhautentzündung, die nicht zu einer lokalisierten Schmerzempfindung werden können, weil das Traumbewusstsein nicht egozentrisch orientiert ist, erscheinen in den Flammenbildern um den Träumer herum. Diese sind ein typisches Symbol bei Entzündungsbeschwerden, sie können jedoch ersetzt werden durch andere Bilder, etwa durch eine Wanderung in der glühend heißen Sahara oder durch die Gefangenschaft in einem angeheizten Backofen. Weshalb greift der Traum zu diesem und nicht zu einem anderen, ebenso gut möglichen Bild? Weshalb ist es ein Stall, der brennt? Weil dasjenige Bild gewählt wird, das im Gedächtnisschatz des Träumers am leichtesten greifbar ist, vielleicht aus Erlebnissen der letzten Zeit, vielleicht aus Film oder Lektüre.

Es ist bemerkenswert, dass wir auch im Alltag von brennenden Schmerzen sprechen. Und der Traum wählt gerne solche Bilder, die dem symbolischen Sprachgebrauch des Tagesbewusstseins nahe liegen. Entsprechend gibt es ein typisches

Symbol für Beschwerden im Darmbereich, das sind die sich ringelnden Schlangen, die in ihren Bewegungen drastisch widerspiegeln, wie die Darmfunktion aus der Ordnung geraten ist. Beschwerden im Kopfbereich werden gerne in einem Kellergewölbe verbildlicht, an dessen Decke, je nach Geschmack des Träumers, Spinnen oder Ratten herumkrabbeln.

An dem Traum des Professors Pirquet ist auffallend, dass er nicht nur in der Traumhandlung, sondern auch physisch aus dem «brennenden Stall» flüchtet: Er steht aus dem Bett auf, öffnet das Fenster, steigt auf das Fensterbrett und stürzt sich in die Tiefe. Eine recht differenzierte und in ihren Teilen aufeinander abgestimmte Bewegungsfolge wird ausgeführt, die zunächst, beim Aufstehen und beim Öffnen des Fensters, einer täglichen Routine folgt, während das Besteigen des Fensterbretts gewiss nicht zum gewohnten Bewegungsrepertoire des Professors gehört. Dass der Bewegungsorganismus sich so gut auf die Umweltbedingungen einstellen konnte, während das Vorstellungsleben in der Traumhandlung gefangen blieb, ist wohl auf die Wirkung des schmerzstillenden Mittels zurückzuführen. Die außergewöhnliche Situation zeigt, dass das Erwachen nicht ein einheitlicher, den gesamten Menschen in gleicher Weise ergreifender Vorgang sein muss. Hier ist immerhin die Handlung aus dem Zusammenhang des Traumes verständlich. Es gibt aber auch Fälle, in denen der Mensch in seinem Bewegungsorganismus so «wach» wird, dass er durch das Schlafzimmer geht, um die bereitgelegten Autoschlüssel zu verstecken, die dann am nächsten Morgen verzweifelt gesucht werden.

Der Traum steigert, um es zusammenfassend zu sagen, einige Fähigkeiten des Wachbewusstseins und hat einige vom normalen Wachbewusstsein abweichende Fähigkeiten:

1. Der Traum greift auf, was im Wachbewusstsein kaum beachtet, fast vergessen oder verdrängt wurde.
2. Der Traum projiziert Erlebnisinhalte nach außen und verbildlicht sie. Sie kommen dann von außen auf den Träumer zu.
3. Der Mensch kann sich von außen sehen, was eine beginnende Souveränität des Menschen sich selbst gegenüber anzeigt.
4. Der Traum überträgt Erlebnisinhalte des Wachbewusstseins auf andere Personen oder Situationen oder verteilt sie auf mehrere Personen oder Situationen.
5. Der Traum ist nicht gebunden an die Enge des Bewusstseins, er kann in kurzer Zeit weit mehr Erlebnisinhalte durchgehen als das Wachbewusstsein.
6. Der Traum komponiert die Handlung von ihrem Höhe- und Schlusspunkt her.
7. Der Traum symbolisiert.

Aufwachträume

Wenn wir sagen, dass wir aus einem Traum aufgewacht sind, so empfinden wir die Stimmung und die Bilder des Traumes noch recht nahe, wir fühlen uns aus ihm entlassen. Wohl die meisten Träume, die überhaupt erinnert werden, stammen aus der Zeit kurz vor dem Erwachen, unabhängig von ihrem Inhalt. Aber es gibt auch typische Aufwachträume, in denen der Vorgang des Erwachens selbst geträumt wird.

Traum 5

Als Kind hatte ich öfters den folgenden Traum:
Ich stehe auf einem Band, das sich langsam und

> unaufhaltsam bewegt und mich mitnimmt. Es führt in ein Zahnradgetriebe hinein, das mich ergreift und zerstückelt. Vor dem Einschlafen hatte ich manchmal Angst, der Traum werde auch in dieser Nacht wiederkehren. – Jahre später, als Jugendlicher, hatte ich noch ein einziges Mal diesen Traum. Beim Aufwachen bemerkte ich, dass der schreckliche Takt des Zahnradgetriebes dem heftigen Herzschlag entsprach.

Es gibt Träume, die mehrmals oder sogar oft wiederkehren. Das ist charakteristisch für Wahrträume, vor allem für Träume vom eigenen Tod. Hier jedoch ist die Wiederkehr einfacher zu erklären: Der Weg zu einer bestimmten Verbildlichung seelischer oder physiologischer Vorgänge ist bereits gebahnt, und dieser Spur folgt der Träumer. Dass mein eben erzählter Traum im Jugendalter sich nur ein einziges Mal wiederholte, mag darin begründet sein, dass ich sein Zustandekommen durchschaut habe, dass ich nun wusste, ich gerate nicht in die Zahnräder draußen, sondern ich habe nur Herzklopfen.

Dass ich mit dem Band zusammen unaufhaltsam nach vorn geschoben werde, verdeutlicht das Ausgeliefertsein des Menschen an die Traumhandlung. Der Gedanke an Flucht kam nicht auf. Der Höhepunkt der Handlung, meine Zerstückelung, ist zugleich auch deren Schlusspunkt. Auf diesen Augenblick hin ist die Handlung komponiert. Der Takt der Zahnräder schlüpft beim Erwachen in die Empfindung des beschleunigten Herzschlags hinein. Was ich als Jugendlicher noch nicht durchschaute, ist, dass der beschleunigte Herzschlag das Traumgeschehen überhaupt erst ausgelöst hat, dass ich das Aufwachen unter bestimmten physiologischen

Bedingungen geträumt habe. Und ich wusste auch nicht, dass die Zerstückelung des Menschen oder auch eines Gottes (des Osiris) ein altes mythisches Bild für den Eintritt in den Leib oder in die Erde ist.

Meistens wird die Einfügung des Seelenlebens in die leiblichen Prozesse allerdings einfacher und harmloser verbildlicht. So träumte ein Zwölfjähriger häufig, dass von ferne her ein schwarzer Punkt in großer Geschwindigkeit auf ihn zu raste. Der Punkt wurde zu einer immer größeren schwarzen Fläche oder Wolke, und sobald diese auf ihn auftraf, wurde der Junge wach.

Die dunkle Wolke oder der Schatten ist eines der typischen Bilder des Aufwachtraumes, es ist das Erlebnis des Leibes von außen her. Oft tritt dieses Bild jedoch nicht isoliert, als einziger (erinnerter) Trauminhalt auf, sondern eingebettet in eine längere Handlung. Der Träumer geht durch eine schöne, sonnenbeschienene Landschaft, er betrachtet diese und jene Naturerscheinungen, vielleicht im Gespräch mit einem anderen Menschen. Da wird der Ausblick durch eine dunkle Wolke versperrt, und im gleichen Moment wacht der Schläfer auf. Auch bei der Lösung vom Leibe während des Sterbens wird dieses Erlebnis oft beschrieben, noch häufiger allerdings eine akustische Entsprechung: Der Sterbende hört von irgendwo her oder, wenn lokalisiert, von unten her ein Knacken, Klopfen, Krachen, Quietschen oder Ächzen. Er stößt von außen her an den ihm fremd werdenden Leib an.

Solange der Träumer durch eine lichte Landschaft wandert, ist er noch nicht auf den Leib hin orientiert. Die heraufziehende Wolke schiebt sich dann zwischen den Träumer und die schöne Welt außerhalb des Leibes. Sie gibt dem Verlauf des Traumes eine neue Richtung. Beide Handlungen können auch zu einer einzigen zusammengeschlossen werden, die dann durch verschiedenartige Bilderwelten führt.

Traum 6

Ein älterer Herr erzählt den folgenden Traum, den er als Kind mehrfach gehabt hat. Er steht in einem Fahrstuhl, der zunächst langsam nach unten geht. Dessen Wände sind verglast, und er sieht viele bunte, hell leuchtende Farbkugeln auf allen Seiten des Fahrstuhls. Allmählich geht die Fahrt schneller, der Schein der Farbkugeln wird matter, bis es schließlich ganz dunkel ist. Mit einem Ruck hält der Fahrstuhl an, und der Träumer ist wach.

Es ist typisch, dass, von Angstträumen abgesehen, die Welt, aus der der schlafende Mensch kommt, als schön und licht beschrieben wird und dass das Aufwachen als finster und beengend erlebt wird. Mit einem Ruck oder Sturz hört die reiche Bilderwelt auf, und erst die Hinwendung zu den Sinneseindrücken kann uns über die Wieder-Verbindung mit dem Leibe hinwegtrösten – wenn wir nicht Morgenmuffel sind.

Hermann Hesse erzählt in seinen Tagebüchern einen typischen Aufwachtraum, der jedoch um ein Stück weiter ausgeführt wurde, als dies meistens der Fall ist.

Traum 7

«Ich fuhr mit einer großen Gesellschaft in einem Wagen mit Pferden auf einer Landstraße. Wir kommen an eine Stelle, wo die Straße große Kurven macht, um einen Abgrund zu umgehen,

> und plötzlich sehe ich, dass unsere Pferde, statt der Kurve zu folgen, geradeaus laufen und senkrecht in den Abgrund stürzen. Im Augenblick befanden wir uns auch schon fallend in der Luft – und an dieser Stelle hätte nach meiner Erfahrung mit einem Moment von Angst und Schwindelgefühl der Traum abbrechen müssen. Es ging aber ein Stückchen weiter. Wir alle im Wagen wurden still und bleich, man wartet in furchtbarster Spannung auf den Moment, wo wir unten aufschlagen würden. Das Fallen durch die Luft dauerte lange, dann sagte einer von uns ‹Jetzt›, und wir schlugen auf und ich verlor das Bewusstsein. Ich hatte (der Traum dauerte noch immer an) das Gefühl, ich würde am Leben bleiben, aber natürlich nicht unverletzt, und wartete mit banger Spannung darauf, wie mir beim Wiedererwachen aus der Ohnmacht zumute sein werde. Ich erwachte denn auch ganz langsam und allmählich und hatte zunehmend ein hässliches Gefühl von Kranksein und Lähmung.»[3]

Die Traumhandlung beginnt mit einer Situation, die dem Dichter aus dem Alltag vertraut ist, mit der Fahrt auf dem Pferdewagen in einer friedlichen oder mindestens neutralen Stimmung, die von der folgenden Dramatik noch nichts ahnen lässt. Unerwartet und plötzlich taucht das Bild des Abgrunds auf, und schon stürzt der Wagen in die Tiefe. Das Erlebnis des Sturzes ist charakteristisch für Aufwachträume, wie Hesse richtig sagt, aber kurz vor oder spätestens beim Aufprall pflegen diese Träume abzubrechen. Man ist unten, das heißt im Leibe angekommen, und da wird nicht mehr geträumt, sondern wahrgenommen und gedacht. Der Mensch ist aus der Bewegung der Traumhandlung in die Egozentrik des Wachbewusstseins zurückgekehrt. – Die folgende Schilderung scheint einen Widerspruch in sich zu enthalten. Beim Aufprall, so schreibt Hesse, habe er das Bewusstsein verloren und dabei das Gefühl gehabt, er werde am Leben bleiben, aber nicht unverletzt, und er erwartete mit Spannung, wie ihm nach dem Erwachen aus der Ohnmacht zumute sein werde. Ist der Träumer nun ohnmächtig oder macht er sich Gedanken über die Folgen des Absturzes? So könnte man kritisch fragen, aber dieser Einwand wird dem Traum nicht gerecht. Der Träumer fühlt sich ohnmächtig und hat zugleich ein Bewusstsein von seiner Situation. Sonst würde er ja nicht mehr träumen, sondern bewusstlos sein. Das Erlebnis der Ohnmacht ist eine Fortsetzung und Steigerung dessen, was der Träumer vorher durchlebt hat: Er war der Handlung ausgeliefert, ohne gegen den Sturz etwas unternehmen zu können. Dieses Motiv wird nun gesteigert, indem der Sturz lange dauert, alle im Wagen still und bleich werden und indem man auf den Augenblick des Aufpralls wartet.

Beim Aufprall auf die Erde, also auf den eigenen Leib, wird Hesse nicht wach, sondern ohnmächtig. Normalerweise erwachen wir, indem wir uns durch den Leib hindurch in die Welt der Sinneswahrnehmung eingliedern. Wir inkarnieren uns nicht in den Leib, sondern in die Welt – und erfahren uns als Ich aus dem Erlebnis der Welt. Das ist der Entwicklungsweg in der frühen Kindheit, und der wird an jedem Morgen im weiteren Leben wiederholt. Voraussetzung dafür ist, dass wir den Leib sogleich «in den Griff» bekommen, dass er uns nicht Widerstand bietet. Das aber war bei dem erwachenden Hermann

Hesse der Fall. Er kommt nur langsam zu sich und hat «zunehmend ein hässliches Gefühl von Kranksein und Lähmung». Ein Erwachen nur in den Leib, aber nicht in die Welt, das ist es, was der Träumer als Ohnmacht erlebt. Und während dieser Art von Ohnmacht kann er sich durchaus Gedanken machen über seinen eigenen Zustand. Sogar richtige Gedanken: Er hat den Sturz lebend, aber nicht unverletzt überstanden.

Damit ist auch erklärt, weshalb der Traum nicht an derjenigen Stelle abbricht, an der es zu erwarten war. Der Dichter ist, noch träumend, in den Leib zurückgekehrt, die weckenden Sinneseindrücke haben ihn noch nicht erreicht. Seine Vorstellung, er werde den Sturz überleben, wenn auch verletzt, zeigt, dass die Orientierung an der irdischen Erfahrung bereits gestaltend in die Traumhandlung eingreift. Wegen des schlechten Gesundheitszustandes wird die Fähigkeit des Traumes erkennbar, auch in der Verbindung mit dem Leib noch Bilder zu gestalten, eine Fähigkeit, die normalerweise zurückgedrängt wird, wenn wir uns beim Erwachen des Leibes bedienen, um die Sinneseindrücke aufzugreifen. Nicht der Leib, sondern die Welt durch den Leib löscht also das Traumbewusstsein aus.

Dass Sinneseindrücke, die zum Erwachen führen, vom Traum in ein Bild gekleidet werden, wurde bereits am Traum 2 geschildert. Ein von Johannes Volkelt berichtetes Beispiel zeigt nun recht anschaulich, wie das Traumbild schrittweise der Sinneswahrnehmung angenähert werden kann, also allmählich in die Sinneswahrnehmung hineinschlüpft:

Traum 8

«Einem Komponisten träumte einmal, er halte
Schule und wolle eben seinen Schülern etwas
klar machen. Schon ist er damit fertig und

> wendet sich an einen Knaben mit der Frage ‹Hast du mich verstanden?› Dieser schreit wie ein Besessener: ‹O ja!› Ungehalten hierüber verweist er ihm das Schreien. Doch schon schreit die ganze Klasse: ‹Orja!› Hierauf ‹Eurjo!›. Und endlich ‹Feurjo!› Und nun erwacht er vom wirklichen Feurjogeschrei auf der Straße.»[4]

Der Komponist wird wach durch die alarmierenden Rufe auf der Straße: Feurjo, es ist Feuer ausgebrochen! Das bedeutet in einer Zeit, in der es noch nicht Hydranten für Feuerwehrschläuche gab, als das Wasser noch von Hand zu Hand gereicht werden musste, Angst und Schrecken für eine ganze Stadt. Aber noch ist der Träumer in aller Ruhe dabei, Schule zu halten und den Kindern etwas zu erklären. Dass ein Schüler nicht höflich auf die Frage des Lehrers antwortet, fällt offenbar schon aus dem Rahmen dessen heraus, was der träumende Komponist unter Schule versteht. Dass der Schüler wie ein Besessener «o ja» schreit, hat inhaltlich mit dem Zielpunkt des Traumes noch nichts zu tun, aber das Schreien aus Leibeskräften, das dann beim Erwachen akustisch wahrgenommen wird, hat sich in Haltung und Stimmung des Traumes schon durchgesetzt. Als die ganze Klasse einstimmt, wird der Ruf dem Geschehen draußen auf der Straße noch ähnlicher. Doch erst zuletzt hat sich auch der Inhalt der Rufe vom «o ja» über das «orja» und «eurjo» zum «feurjo» so verändert, dass er das Gemeinte zum Ausdruck bringt. Weshalb der Träumer zunächst Schule hält, ehe er sich durch den Feueralarm vollends wecken lässt, ist nicht erkennbar. Ob er im Leben tatsächlich Kinder unterrichtet und daher eine nahe liegende Bilderwelt aufgegriffen hat? Doch das ist für das Verständnis des Traumes nicht entscheidend. Wie so oft, geht die Handlung von einer Situation aus, die die folgende Dramatik noch nicht ahnen lässt, und diese wird schrittweise entwickelt, hier durch die Annäherung der Traumbilderwelt an die Sinneswahrnehmung.

Wie Sinneswahrnehmungen sich in den Traum hineinschieben können, so auch das kritische Denken. Als Jugendlicher träumte ich einmal, dass ich mich fragte, ob ich im Augenblick wach bin oder träume. Das sei, so meinte ich, einfach festzustellen, indem ich mich in den Oberschenkel kneife. Wenn ich das könne, dann sei ich wach. Also tat ich das und stellte während des Traumes fest, dass ich wach bin. – Dass ich im Traum auf den glänzenden Gedanken gekommen bin, den Bewusstseinszustand durch ein Experiment festzustellen, ist unwahrscheinlich. Vielleicht hatte ich früher einmal, und sei es nur im Scherz, eine solche Redewendung gehört, vielleicht bin ich der elementaren Körpersprache gefolgt, die im Aufschlagen der Hand auf den Oberschenkel bei einem fast «traumhaften» Erlebnis sich vergewissern will, dass es doch Wirklichkeit ist. Das aber ist in diesem Zusammenhang nicht wesentlich, sondern die Tatsache, dass ich, sicher in einer schon wach-nahen Region des Traumes, nicht selbstverständlich in einen Handlungsvollzug einverwoben bin, sondern mich distanziere, kritisch frage, ob das, was ich eben erlebe, wirklich ist. Distanz ist nicht eine charakteristische Haltung des Traumes, sondern des Wachbewusstseins. Aber aus diesem kann sie in den Traum hineinragen, in einen Traumzustand, der noch so stabil ist, dass man durch das (imaginäre) Kneifen in den Oberschenkel nicht wach wird.

Wesentlich anspruchsvoller meldet sich das kritische Denken in einem Traum des russischen Philosophen Wladimir Solowjef:

«Vor dreiundzwanzig Jahren hatte ich einen höchst komplizierten und in mancher Hinsicht bemerkenswerten Traum ... Unter anderem sah ich mich auf einem Dampfschiff aus Petersburg nach Brasilien fahren. Eben verschwand Kronstadt aus dem Gesichtskreis, als ich vom Kapitän hörte, dass wir in drei Stunden in die Mündung des Amazonas einfahren würden. Auf meine Frage nach den Ursachen einer so ungewöhnlich raschen Fahrt sagte der Kapitän, mich ironisch anblickend: ‹Wo haben Sie denn Physik gelernt? Sie kennen nicht einmal das grundlegende hydrodynamische Gesetz, dass auf dem Meer die Zeit unvergleichlich schneller vergeht als auf dem Festlande, weil die Strömung der Meereswellen, indem sie sich mit dem Strömen der Zeit vereinigt, deren Ablauf beschleunigt.› Ich erinnerte mich damals sogleich dieses Gesetzes, und nichts im Leben hat mich je in solch tiefe Verlegenheit gestürzt wie das unverständliche Vergessen einer so elementaren Wahrheit.»[5]

Das Bild von Kronstadt, das aus dem Gesichtskreis verschwindet, ist Solowjef, der lange in St. Petersburg gelebt hat, gut vertraut, und der Weg geht in eine unbekannte Ferne, denn eine besondere Beziehung des Philosophen zu Brasilien ist nicht bekannt. Nun kommt die eigentlich interessante Stelle des Traumes: Als der Kapitän sagt, das Schiff werde in drei Stunden in die Mündung des Amazonas einlaufen, ist der Träumer erstaunt. Meistens nehmen wir im Traum hin, was geschieht, auch wenn es unserer täglichen Erfahrung und den Naturgesetzen widerspricht, und erst nach dem Erwachen fällt uns die Unstimmigkeit der Handlung auf. Hier bemerkt Solowjef schon im Traum, dass etwas nicht stimmen kann, er ergreift die Initiative und fragt den Kapitän, wie diese erstaunliche Geschwindigkeit möglich ist. Die Erklärung des Kapitäns ist selbstverständlich barer Unsinn, aber dieser tritt im Gewande der sauberen Formulierung eines wissenschaftlichen Begriffs auf. Solowjef war einer der scharfsinnigsten Denker des neunzehnten Jahrhunderts und ein Meister sorgfältig formulierter Aussagen. Diese Fähigkeit macht sich sogar im Traum geltend. Der Träumer merkt jedoch nicht, dass hinter dem gebügelten Gewand der Formulierung nicht ein wissenschaftlicher Begriff steht, sondern ein geistiger Hohlraum. Als der Kapitän den Philosophen über ein so fundamentales Gesetz der Physik belehrt hat, «erinnert» sich der Träumer sogar an dieses Gesetz und ist sehr verlegen, weil es ihm nicht sogleich selbst eingefallen ist. Die Traumhandlung hat also ihren Führungsanspruch gegenüber dem kritischen Einwand durchgesetzt.

Seltener werden Träume erinnert, die zunächst den Weg zum Erwachen spiegeln, dann aber wieder zurück in die Welt des Tiefschlafs führen:

Traum 10

> Ich träume, dass ich in einem Flugzeug sitze, das wegen eines Triebwerkschadens zur Notlandung ansetzen muss. Von meinem Fensterplatz aus kann ich verfolgen, wie die Maschine ständig an Höhe verliert. Wir nähern uns einer Küste und fliegen dann eine Weile über dem Land, bis die Maschine schließlich wieder nach rechts in

> Richtung See abdreht. Ich meine im Traum, das tue der Pilot wohl, weil die Maschine auf dem Wasser weniger hart aufsetze als auf dem Land. Bei einem Blick in die Kabine stelle ich nun fest, dass die Stewardessen noch gar nicht dazu aufgefordert haben, die Schwimmwesten unter den Sitzen hervorzuholen, und ich schließe daraus, dass die Situation noch nicht sehr gefährlich sein könne. In geringer Höhe gelingt es dem Piloten durchzustarten, die Maschine gewinnt rasch wieder an Höhe, und ich lehne mich beruhigt in meinen Sessel zurück. Die Bilderwelt verschwimmt.

Der Traum zeigt eine in sich geschlossene Handlung, die wahrscheinlich auch vollständig erinnert wurde. Sie gliedert sich in zwei Abschnitte, die als verschieden lang empfunden wurden und auch als verschieden dramatisch. Das Durchstarten des Flugzeugs ist der Wendepunkt der Handlung, der die beiden Abschnitte des Geschehens deutlich voneinander trennt.

Mit dem Verlust an Flughöhe ist offensichtlich der Verlust an Schlaftiefe gemeint, bis ich nahe daran bin, im Wachbewusstsein notzulanden. Die Bilder zeigen deutlich die Situation: Beim Blick aus dem Fenster ist die geringer werdende Flughöhe abzuschätzen, die Landschaft unten, Meer wie Festland, sind klar zuerkennen. Nicht nur optisch sind die Bilder deutlich, sie sind auch verständlich, ich mache mir im Traum «Gedanken» über die Situation. Im Kontrast zur Bilderwelt des Traumes steht dessen Stimmung. Keine Angst oder Panik, weder bei mir noch bei den anderen Fluggästen oder bei den Stewardessen, obwohl Lebensgefahr besteht. Ich schaue ebenso ruhig und interessiert zum Fenster hinaus, wie ich es auch tatsächlich als Passagier tue. Beim Blick in die Kabine ändert sich nun die Bilderwelt des Traumes. Die Stewardessen gehen ihren gewohnten Verpflichtungen nach, tun irgendetwas, woran ich mich nicht mehr erinnere, aber nichts in ihrem Verhalten deutet auf Notlandung oder Gefahr hin. Das sehe ich nicht nur, sondern ordne es auch in das Verständnis der gegenwärtigen Situation ein. Die kann ja noch nicht gefährlich sein, wenn in der Kabine keine Vorbereitungen zur Notlandung getroffen werden.

Stimmungshintergrund und Bildinhalt des Traumes widersprechen also einander. Und der Stimmungshintergrund erweist sich als stärker, denn der Blick in die Kabine bringt nun auch ein friedliches Bild. Der durch das Fenster hinausschauende Passagier weiß, was bevorsteht, aber sein Gefühl «weiß» es besser: Der Flug geht in Richtung Notlandung, aber zu ihr wird es nicht kommen. Es wird also eine Annäherung an das Wachbewusstsein geträumt, die aber nicht auf das vollständige Erwachen hinzielt, sondern im Schlafbereich bleiben will.

Einschlafträume

Einschlafträume werden seltener erinnert als Aufwachträume. Selbstverständlich, denn die Bilder der Einschlafträume lösen sich in die bildlose Welt des Tiefschlafs auf, während die Bilder der Aufwachträume oft in das ebenfalls bildhafte Wachbewusstsein hinübergerettet werden können.

Wenn der Mensch emotional geladene Bilder aus dem Tagesbewusstsein in den Schlaf mitbringt, Bilder von einem Schreck oder von einem Verkehrsunfall, so drängen diese sich oft auf, wenn der Mensch abends im Bett ruhig wird oder ruhig werden will. Und sie drängen sich auch auf, wenn der Mensch in das Traumbewusstsein hinübergleitet. Diese Traumbilder und -handlungen spiegeln oft fast unverändert die am Tage erlebte Situation wider. Und nicht selten erwacht der Mensch dann rasch wieder aus einem solchen Traum, indem er zusammenzuckt.

Solche Träume sind nicht aus dem Vorgang des Träumens, sondern aus dem vorausgehenden Tag zu erklären. Doch wie es typische Aufwachträume gibt, also solche, die den Vorgang des Aufwachens selbst verbildlichen, so gibt es auch typische Einschlafträume.

Traum 11

> Ein junger Mann träumt, dass er allein im Hochgebirge wandert. Es ist ein klarer Sommertag. Auf seiner Gratwanderung sieht er rechts und links ganze Ketten von Berggipfeln. Er geht leicht und beschwingt, und sein Blick ist in die Ferne gerichtet. Auf den schmalen Pfad vor ihm muss er offenbar nicht achten. Fast unmerklich lösen sich die Füße vom Boden, er breitet seine Arme aus und schwebt in die Weite. Zunächst geht der Blick nach unten, und der Träumer sieht die Berggipfel, über die er sich immer weiter erhebt. Als diese entschwinden, fühlt er sich aufgenommen von zart rosa und violett gefärbten Wolken (die vorher nicht sichtbar gewesen waren). Damit werden die Bilder undeutlicher und lösen sich schließlich auf.

Der Träumer war kein passionierter Bergsteiger und alles andere als schwindelfrei. Der Blick vom Grat aus in den Abgrund wäre für ihn am Tage eine Qual gewesen. Im Traum aber schaut er gar nicht nach unten, sondern genießt den Blick über die Bergketten. Er ist souverän gegenüber der Schwäche des Alltags. Der Traum beginnt, so weit erinnert, nicht mit dem Aufstieg, sondern bereits in der Höhe, in der lichten und heiteren Stimmung, die sich dann während des gesamten Traumes hält. Mag sein, dass der Aufstieg nicht mehr erinnert werden konnte, es ist aber auch denkbar, dass das Traumbewusstsein erst in einer gelösten Seelenhaltung einsetzte, dass der «Aufstieg» an diesem Abend gar nicht mühsam war, sondern dass der Träumer sich ganz leicht vom Tagesbewusstsein lösen konnte und daher seine Wanderung wirklich in der Höhe begann.

Der Traum hat eine folgerichtige und in sich geschlossene Handlung. Es tauchen nicht Motive auf, die ihm eine neue Wendung geben. Der leichte und beschwingte Schritt zu Anfang steigert sich zum Motiv des Fliegens am Schluss der Handlung. Was zu Beginn Stimmung oder innere Haltung war, wird dann zum Bild – ein typisches Vorgehen in der Komposition von Träumen. Von Anfang an zielt der Traum auf das Schlussmotiv hin: auf das Entschweben in die Höhe, das eines der charakteristischen Symbole für den Einschlaftraum ist. Es meint die Lösung der Seele vom Leibe. Auf dem Felsuntergrund ist der Träumer noch verbunden mit der Festigkeit des Leibes, zwar leicht und beschwingt, aber er spürt doch die Erde unter den Füßen. In der Landschaft treten zunächst die klaren Konturen hervor, dann aber geht es in die unbestimmteren Wolkenformen hinauf, und statt der Konturen treten die Farben, zarte Farben, deutlicher hervor. Der Weg von der

Sinneswelt mit ihrer Gegenständlichkeit in die Seelenwelt mit ihren Farbklängen ist anschaulich verbildlicht.

Traum 12

> Ein Mann erzählt, dass er während seiner Kindheit öfters den folgenden Einschlaftraum gehabt hat: Er steht in einer weiten ebenen Landschaft und sieht in der Ferne einen leuchtenden Punkt, wie einen Stern, der auf ihn zukommt. Der Punkt weitet sich allmählich zu einer Scheibe, bis der Träumer schließlich von deren Licht umschlossen wird. Im Näherkommen wird das Licht heller und intensiver, und das Eintauchen in das Lichtmeer wird als großes Glück empfunden.

Es ist wohl sogleich deutlich, dass diese Umhüllung durch das Licht dem Flug in die Wolken während des letzten Traumes entspricht. Doch die beiden Träume unterscheiden sich in ihrem dramatischen Konzept. Der Mann im vorigen Traum war gewandert, er hatte zum Flug angesetzt. Hier dagegen liegt die Aktivität beim Licht, dieses kommt auf das Kind zu, das ruhig stehen bleibt, also bis zum Eintauchen in das Licht den festen Boden unter den Füßen nicht verliert. Der Schluss und Zielpunkt ist in beiden Träumen gleich: Während der Mensch in das Licht oder in die farbigen Wolken eintaucht, lösen sich die Konturen der Traumbilder auf, der Tiefschlaf umfängt den Träumer.

Solche Einschlafträume werden allgemein als befreiend und beglückend beschrieben, während die typischen Aufwachträume oft als beengend, vielleicht als beängstigend oder schockierend bezeichnet werden. Beim Aufwachen in eine immer enger werdende Höhle oder gar Röhre zu kriechen oder in die Tiefe zu stürzen, steht im Kontrast zu den beschwingten Licht- oder Flugträumen beim Einschlafen.

Wie lange dauern Träume?

Der träumende Mensch kennt im Allgemeinen nicht, wie der wachende, eine zeitliche Perspektive, er empfindet nicht, dass ein Ereignis schon eine bestimmte Zeit zurückliegt oder erst nach einer bestimmten Zeit eintreten wird. Denn er ist von der augenblicklichen Traumhandlung gefangen, ihr gegenüber nicht souverän. Dennoch hat auch der träumende Mensch eine Art Zeitbewusstsein. Er empfindet, ob eine Handlung schnell oder langsam abläuft, ob er sich beeilt oder ob er sich Zeit nimmt. Er kann ruhig über einer Landschaft schweben oder pfeilschnell in die Tiefe stürzen, ein Verfolger kann sich allmählich nähern oder rasch zugreifen. Auch während des Wachbewusstseins vergeht ja eine Stunde verschieden schnell, wenn wir ein interessantes Buch lesen oder wenn wir auf einen Bekannten warten, mit dem zusammen wir zum Essen gehen wollen. Dieses mehr qualitative Zeiterleben also bleibt im Traum erhalten, während der «objektive» Maßstab der Zeit verschwindet.

Der hastige oder der gemächliche Ablauf einer Traumhandlung verrät jedoch nicht, wie lange der Traum tatsächlich gedauert hat. Wenn wir von einer Wanderung in den Bergen geträumt haben, so lässt sich nach dem Erwachen vielleicht sagen, wie lange diese Wanderung «in Wirklichkeit» gedauert hätte. Aber das sagt nichts darüber aus, wie lange wir geträumt haben. Und es wäre auch nicht sinnvoll, die Dauer eines Traumes mit der Dauer einer Handlung am Tage zu vergleichen, sondern mit der Zeit, die die Fantasie brauchen würde, um alle diese Bilder im Wachzustand vorzustellen. Das ist bei einzelnen Menschen recht unterschiedlich. Vielleicht auch das Tempo des Träumens?

Wenn ein Mensch nach dem Erwachen sagt, er habe lange und ausführlich geträumt, so ist das nicht ein Hinweis auf das quantitative, sondern auf das qualitative Zeiterleben: Der Traum hat sich voll entfalten können, in kürzerer oder in längerer Zeit.

Die Selbstbeobachtung zeigt also nicht, wie lange ein Traum gedauert hat. So bleibt, um diese Frage zu beantworten, nur die Beobachtung des schlafenden Menschen von außen. Es liegt ja nahe anzunehmen, dass der Unterschied zwischen dem bildlosen Tiefschlaf und dem wachnäheren traumhaften Bildbewusstsein auch in veränderten körperlichen Vorgängen erkennbar wird. Allerdings gilt nicht die einfache Aussage, je lebhafter die Bewegung während des Schlafes, desto näher sei der Mensch am Erwachen. Wer sich im Bett hin und her wälzt, findet nicht die Ruhe des Schlafes; aber das bedeutet nicht, dass er träumt. Im Schlafe ausgeführte Bewegungen sind nicht ein Hinweis auf das Leben in Traumbildern. Sonst könnte man folgern – was gelegentlich sogar in der Fachliteratur geschieht –, der im Schlaf mit dem Schwanz wedelnde Hund träume gerade von Frauchen und Herrchen oder von der Jagd.

Routinierte Handlungen werden oft im tiefen Schlaf ausgeführt. Wenn der Eisenbahnschaffner mitten in der Nacht seine Frau mit dem Ruf «bitte einsteigen» weckt, ohne dabei selbst wach zu werden, so heißt das keineswegs, dass er jetzt von der Abfahrt seines Zuges träumt. Es ist auch bekannt, dass Nachtwandler sehr schwer zu wecken sind, obwohl sie scheinbar genau durchdachte Handlungen ausführen. Handlungen, zu denen der Mensch am Tage nicht in der Lage wäre, etwa zum Spaziergang auf dem Dachfirst, der nicht einmal durch den Straßenlärm gestört wird. Nur beim Namen sollte man den Nachtwandler nicht rufen, sonst würde er vielleicht dort oben erwachen und die Balance verlieren.

Eine Schülerin geht früh zu Bett, weil sie am nächsten Morgen zeitig aufstehen und verreisen will. Sie stellt ihren Wecker in einer Holzschachtel mit gut wirkendem Resonanzboden in das Nebenzimmer, um ihn nicht am nächsten Morgen im Halbschlaf abstellen zu können. Doch die Eltern sind erstaunt, dass ihre Tochter nach einer Stunde aufsteht, ins Nebenzimmer geht, die Holzschachtel öffnet und den Wecker abstellt. Auch auf lautes Ansprechen reagiert sie nicht. Hier handelt es sich nicht einmal um einen gewohnten Bewegungsablauf wie beim «bitte einsteigen» des Eisenbahnschaffners, sondern um die rückläufige Wiederholung einer Handlung, die vor dem Einschlafen, aber im Gedanken an den nächsten Morgen, ausgeführt worden war. An einen Traum, der mit dieser Handlung verbunden war, konnte sich die Schülerin nicht erinnern. – Weder routinierte Bewegungen noch die eben geschilderten Handlungen, die am Abend ausgeführt oder für den nächsten Morgen vorgestellt wurden, sind ein Hinweis darauf, dass der Mensch gleichzeitig auch träumt.

Nun hat die moderne Schlafforschung eine merkwürdige Erscheinung wieder beobachtet, die schon dem griechischen Philosophen Aristoteles (384–322 v.Chr.) aufgefallen war, dass nämlich der schlafende Mensch unter geschlossenen Augenlidern seine Augäpfel eine Zeitlang intensiv bewegt. Diese Zeit der raschen, oft ruckartigen Augenbewegungen wird als REM-Phase (Rapid Eyes Movement Phase) bezeichnet. Menschen, die während dieser Phase geweckt werden, erzählen häufig von lebhaften Träumen, aus denen sie eben erwachten. Ist vielleicht die wachnahe REM-Phase die Zeit der Träume? Wenn ja, dann wäre die Frage nach deren Dauer eindeutig zu beantworten.

Was aber kann uns veranlassen, die REM-Phase mit dem bildhaften Traumbewusstsein gleichzusetzen, wie viele Psychologen es seit den Forschungen von Eugene Aserinsky und Nathanael Kleitman (1953) tun? Intensive Augenbewegungen sind ja nicht ein Hinweis auf das innere Bild-Erleben. Der wache Mensch, der bei geschlossenen Augenlidern in Fantasiebildern schwelgt, bewegt nicht seine Augäpfel und schon gar nicht ruckartig. Um den wechselnden Bildern mit dem Blick folgen zu können, braucht der Träumer nicht einmal hierhin und dorthin zu schauen. Nicht die vertrauten Phänomene beim wachen Menschen also lassen die REM-Phase als die Zeit des Traumbewusstseins erscheinen, sondern wohl eher das Bedürfnis des Forschers nach einer geschlossenen Systematik: Von dem längeren, nicht erinnerbaren Tiefschlaf hebt sich der bildhafte, zum Teil erinnerbare Traum deutlich ab. Er ist also eine eigene Phase, die dem Wachbewusstsein näher liegt als die größte Schlaftiefe und die markante eigene Wesenszüge zeigt. Das alles trifft auf die REM-Phase zu, also …

Wenn aber die REM-Phase nicht als identisch mit der Dauer der Träume zu sehen ist, welche Bedeutung hat sie dann? Ein Experiment der Schlafforschung zeigt die Richtung auf eine Antwort. Menschen, die immer dann, wenn sie in die REM-Phase eintreten – und das geschieht mehrmals jede Nacht –, geweckt werden, zeigen bald schwere seelische und gesundheitliche Störungen. Die REM-Phase dient also offensichtlich der Regeneration der Lebenskräfte. Aber das tut der Schlaf überhaupt, auch dessen Tiefe. Regeneration, die Erholung im Schlaf, braucht einen Abstand von den Erlebnissen des Tages. Je mehr ich mich und meine Lebensprobleme vergessen kann, je «fester» ich schlafe, desto mehr fühle ich mich erfrischt, erquickt durch den Schlaf, auch wenn er nur kürzere Zeit gedauert hat. Aber jeder weiß, dass auch die Art des Erwachens wichtig ist für das Befinden am folgenden Tag. Volkstümlich spricht man davon, dass man mit dem richtigen oder mit dem falschen Bein aus dem Bett steigen kann. Die Regeneration beruht also auf zwei verschiedenartigen Vorgängen: auf dem selbstvergessenen Eintauchen in die Tiefe des Schlafes und auf der Eingliederung dessen, was wir in der Tiefe aufgenommen haben, in die Gesamtpersönlichkeit des wachen Menschen.

Wenn wir diese beiden Funktionen dem Tiefschlaf und der REM-Phase zuweisen, so wird verständlich, dass bei längerem Schlafentzug zunächst vor allem der Tiefschlaf und erst dann das Verweilen in der REM-Phase nachgeholt wird. Beim Neugeborenen, das so viel mehr schläft als das ältere Kind oder der Erwachsene, entfällt ein bedeutender Teil dieses Mehr auf den REM-Schlaf, da offensichtlich die Regeneration des wachen Menschen aus den Quellen des Schlafes erst eingeübt werden muss. Wenn der Körper während der REM-Phase verhältnismäßig ruhig bleibt (außer den Augenbewegungen), oft ruhiger als im Tiefschlaf, so kann das verstanden werden als ein Zeichen für die Empfänglichkeit gegenüber der Einprägung der regenerierenden Vorgänge. Bildhaft kommt das zum Ausdruck in der oft eingenommenen Rückenlage. Beschleunigter Herzschlag und beschleunigte Atmung zeigen, dass die physiologischen Prozesse aktiviert werden.

Damit wird nicht bestritten, dass Träume zum Teil oder ausschließlich in der REM-Phase auftreten, aber der Traum braucht nicht mehr als der Inhalt der REM-Phase beschrieben zu werden. Unbeantwortet bleibt somit die Frage, wie lange Träume dauern. Dass sie innerhalb weniger Sekunden ablaufen können, ohne dass die Handlung hektisch wirkt, zeigen viele Aufwachträume. Mit Sicherheit ist anzunehmen, dass Träume wesentlich länger dauern können. Manchmal hat man nach dem Erwachen sogar den Eindruck, während der ganzen Nacht durch Träume gequält worden zu sein und nicht in die erholende Welt des Tiefschlafs eingedrungen zu sein. Diese Beobachtung berechtigt aber nur zu dem Schluss, dass die Regeneration im Schlaf nicht gelungen ist, dass der Mensch nicht oder nicht genügend in die Selbstvergessenheit der Schlaftiefe aufgenommen wurde, weil emotional geladene Vorstellungen des Tages, etwa das Erlebnis eines Unfalls oder Kummer und Sorgen, wie eine Barriere gewirkt haben.

Wegen der Leichte und Beschwingtheit der Traumbilder ist anzunehmen, dass die Dauer des Traumes in der Regel eher kurz, nach Sekunden oder wenigen Minuten zu bemessen ist. Dass die gesamte REM-Phase, die zwischen fünf und sechzig Minuten dauert, durch das bildhafte Traumbewusstsein ausgefüllt ist, dürfte wohl eine Ausnahme sein. Zu einer sicheren Aussage über die Dauer der Träume sind bisher jedoch weder die Selbstbeobachtung noch die experimentelle Schlafforschung in der Lage.

Damit bleibt auch eine andere Frage offen: Träumen wir jede Nacht? Dass wir uns nicht erinnern können, bedeutet ja nicht, dass wir gar nicht geträumt haben. Manche Menschen sagen, sie hätten früher, in jungen Jahren, oft und lebhaft geträumt, jetzt aber kaum mehr. Das ist denkbar; jedoch ebenso denkbar ist, dass heute die Träume rascher entschwinden – vielleicht weil der Mensch entschiedener in das Tagesbewusstsein überwechselt. Und wenn die REM-Phase nicht selbstverständlich als die Zeit des Träumens verstanden wird, gibt es auch keine Möglichkeit, «objektiv» festzustellen, ob der Mensch jede Nacht träumt. Wie dem auch sei, das bildhafte Traumbewusstsein ist der für den Menschen charakteristische Übergang vom bildlosen, selbstvergessenen Tiefschlafbewusstsein in das Wachbewusstsein, und daher liegt es nahe anzunehmen, dass auch Menschen, die sich selten an Träume erinnern, gar nicht so selten träumen.

II. Traumbild und Traumhandlung

Erinnerungsbilder und Traumbilder

Träume geben oft Erlebnisse der vergangenen Tage wieder, lösen aber die Bilder aus ihrem «wirklichen» Zusammenhang und verbinden sie scheinbar willkürlich miteinander. Weshalb? Im Moment des Einschlafens geht die Fähigkeit verloren, die Seeleninhalte auf den Mittelpunkt der Persönlichkeit hin zu orientieren. Die Erinnerungsbilder lösen sich aus ihrer zeitlichen Folge und aus ihrer verstandesmäßig begründeten Ordnung.

Schon am Tage ist zu beobachten, dass Erinnerungsbilder nicht nur in ihrem «sinnvollen» zeitlichen und inhaltlichen Zusammenhang auftauchen, sondern ihre eigene Dynamik besitzen, sich vielleicht aufdrängen, auch wenn sie nicht gerufen oder erwünscht sind. Das steigert sich, wenn wir still werden, also wenn die Aufmerksamkeit nicht auf einen Punkt der Welt gerichtet und konzentriert ist. Die straffe Führung des Seelenlebens lässt ihren Griff locker, und damit ist der Raum frei für die Aktivität anderer seelischer Instanzen.

Das ist auch beim Einschlafen der Fall. Inhalte des Gedächtnisses, die emotional geladen sind, die mit Hoffnungen oder Befürchtungen, mit Freude oder Ärger verbunden sind, drängen dank dieser emotionalen Energie an die Oberfläche des Bewusstseins und schieben andere Inhalte, die ebenso bereit liegen, zur Seite. Während des Tages wurden diese

Erinnerungsbilder vielleicht ganz niedergehalten – oder wenn sie auftauchten, dann wurden sie in die gewohnte Ordnung der Welt eingefügt. Wenn nun beim Einschlafen die kontrollierende Instanz des Ich zurücktritt, neigen die Bilder dazu, sich zu vergrößern und zu dramatisieren. Dass wir die Gegenstände in der «richtigen» Größe erinnern, liegt darin begründet, dass wir sie auf die Größe unseres Leibes beziehen. Es ist eine bekannte Erscheinung, dass wir die Räume, in denen wir unsere Jugend verbracht haben, viel größer in Erinnerung haben, da die korrigierende Funktion der Sinneswahrnehmung lange Zeit nicht eingegriffen hat. Dem Gedächtnis ist diese Tendenz zur Bildvergrößerung eigen. Im Tagesbewusstsein kommt sie nur in längeren Zeiträumen zur Geltung, im Traum macht sie sich oft, sobald der Bezug zum Leib verschwindet, bemerkbar. Wie das eingeprägte Bild optisch vergrößert wird, so wird es auch dramatisch gesteigert. Aus einer persönlichen Schwäche kann ein rechtswidriges Verhalten werden wie in dem folgenden Fall:

Traum 13

Ein Mann in den Fünfzigern, ein starker Raucher, weiß, dass er in seiner gesundheitlichen Situation auf den blauen Dunst verzichten müsste, schafft es aber nicht, sich das Rauchen abzugewöhnen. Da träumt er, dass er während eines Konzertes Saalordner und Kartenkontrolleur ist. Während er an der Rückwand des Saales steht, bemerkt er, dass ein Mann in der hintersten Reihe sich eine Zigarette anzündet. Er geht auf den rauchenden Besucher zu und weist ihn darauf hin, dass das Rauchen im Saale

> polizeilich verboten sei. Der Angesprochene erwidert, er habe aber nicht die Absicht, das Rauchen einzustellen. Der Saalordner erregt sich und sagt, er werde die Polizei holen, die das rechtswidrige Verhalten bestrafen werde. Er geht zur Kasse, wo das Telefon steht, und bittet die Kassiererin, die Polizei anrufen zu können. Die aber führt gerade ein Privatgespräch, das sie nicht abbrechen will. In der Verzweiflung über seinen Misserfolg erwacht der Träumer.

Es ist deutlich, dass die Persönlichkeit des Träumers gespalten ist: in den Raucher, der er während des Tageslebens ist, und in denjenigen, der das Rauchen verbieten will, aber ohne Erfolg. Der Zwiespalt zwischen Einsicht und Trieb ist selbstverständlich schon während des Tageslebens vorhanden, aber er wird gesteigert, indem aus den zwei Teilen der Persönlichkeit zwei Persönlichkeiten werden. Und das Handeln wider bessere Einsicht wird gesteigert zum Handeln wider die Polizeiordnung. Was sich oft am Tage innerhalb der Persönlichkeit abgespielt hat, wird im Traum zu einem öffentlichen Problem. Alle Konzertbesucher im Umkreis sehen, dass der Träumer etwas tut, was nicht sein darf. Trotz des ausgesprochenen Verbotes, trotz des drohenden Erscheinens der Polizei, trotz der Bloßstellung vor allen Konzertbesuchern erklärt der Mann, dass er das Rauchen nicht einstellen werde. Das Verbot durch den Saalordner, also durch die bessere Einsicht des Träumers, hat der Träumer auch während des Tageslebens schon oft gehört, aber ohne Erfolg. Die Polizeistrafe, die angedroht wird, steht offensichtlich für die gesundheitlichen Folgen des Rauchens. Und dass alle im Umkreis Sitzenden auf die Szene hinblicken, zeigt, dass der Träumer sich wegen seiner Willensschwäche bloßgestellt fühlt, vor sich selbst und vor anderen.

Der Traum spiegelt die augenblickliche Lebenssituation des Mannes. Er eröffnet nicht eine neue Perspektive, er gibt nicht ein tieferes Verständnis des Problems, wie viele Wahrträume es tun. Dieser Traum spiegelt, was ist. Und er hat auch die Gewohnheiten des Träumers nach dem Erwachen nicht verändert.

Die gegenwärtige Lebenssituation wird auch im Traum eines etwa elfjährigen Jungen gespiegelt, der unter seinem Mangel an Initiative leidet:

Traum 14

«Ich war in unserem Gartenhaus, und es war Krieg. Hier wollte ich mich mit meinem Bruder verstecken. Da kam ein schwerer Panzer mitten durch den Garten gerollt und zerstörte ihn. Zwei Männer fesselten uns und warfen uns ins Innere des Panzers. Wir fuhren lange. Dann hielten wir vor einem großen, grauen Haus. Sie banden mir die Fesseln ab und ließen mich los. Ich wollte fortlaufen, aber ich konnte nicht. Sie trugen mich in einen großen Saal, da waren viele Betten. In eins wurde ich hineingelegt, und sie brachten eine Säge, denn sie wollten mir die Beine absägen, doch dann gingen sie wieder fort, denn die Säge war zu klein dafür gewesen. Schon waren sie mit einer großen wieder da. Ganz langsam sägten sie mir nun die Beine ab, erst das eine, dann das andere. Wozu taten sie das? Warum? Ich sah zu und dachte: Nun brauche ich nie mehr zur Turnstunde! Als das zweite Bein ganz ab war, wachte ich auf.»[6]

Der Traum beginnt in dem vertrauten Gartenhaus. Doch in diese Welt bricht eine fremde, bedrohliche Macht ein, der Krieg. Dieses Motiv ist vielleicht einer Lektüre oder Erzählung entnommen. Der Junge will sich verstecken, um der Gefahr zu entrinnen. Das ist immerhin eine Initiative, wenn auch eine recht schwache. Die beiden Männer, die den Träumer in den Panzer und dann in das fremde Haus bringen, zerstören ja nicht nur die Geborgenheit, sondern machen auch das Problem des Träumers deutlich: Als ihm die Fesseln abgenommen sind, will er fliehen, aber er ist gelähmt. Die Macht der Männer hält ihn gebunden. Die Männer sind als Teil der Persönlichkeit des Träumers zu verstehen, als die Unlust, die ihn immer wieder an einer Initiative hindert. Was während des Tages sich innerhalb der Persönlichkeit abspielt, die Verhinderung einer Handlung, tritt jetzt von außen an den Träumer heran, in der Gestalt der beiden Männer. Das Motiv der Lähmung wird gesteigert, als die Soldaten dem Träumer die Beine absägen. Von Schmerz ist nicht die Rede, auch nicht vom Krachen der Knochen, sondern es geht nur um den Verlust der Bewegungsfähigkeit, der ohne Widerspruch hingenommen wird – denn nun ist der Träumer vom Turnunterricht befreit. Dass die kleine Säge durch eine größere ersetzt werden muss und dass dann ganz langsam gesägt wird, unterstreicht noch einmal die Auslieferung an das Geschehen, dem der Junge keinen Widerstand leistet. Initiative ist nicht seine Stärke. Und diese Haltung wird sogar belohnt, indem künftig die unbequemen Turnstunden entfallen.

Aus dem Tagesleben vertraute und emotional durchtränkte Bilder können im Traum eine unerwartete symbolische Bedeutung erhalten. So berichtet der Dichter Carl Spitteler:

TRAUM 15

«Neben dem Gärtchen hatte er [der Vater] in Großvaters Wiese ein viereckiges Loch ausgegraben, nicht tief, immerhin genügend, um, wenn man es geschickt anfing, ein Bein darin zu brechen. Vor diesem Loch wurde ich mild gewarnt, hierauf als verständiger Bub ermächtigt, vorsichtig rings um den Rand herumzuwandeln und hinunterzugucken. Die Erlaubnis benutzte ich begierig; beständig mochte ich am Rand des Abgründleins weilen und mit dem Blick die abenteuerliche Tiefe (etwa ein Meter) ergründen. Und in einer der folgenden Nächte schaute ich einen der seligsten Träume meines Lebens: Mir träumte, ich befände mich, ruhig schlafend, in der Tiefe jener Grube neben dem Gärtlein. Von oben her, aus dem Licht, rankte ein lebendiges Blumengewinde zu mir hernieder, aus welchem Engelköpfe mich grüßten. Das war nicht ganz so deutlich zu sehen, wie es hier die Sprache sagt, denn goldenes Licht verwischte die Umrisse, dafür wieder viel seliger, als Worte es zu erzählen vermöchten.»[7]

Das Bild des Abgrundes hat offenbar faszinierend auf den Jungen gewirkt. Er genoss es, vom sicheren Rand her in die Tiefe zu blicken. Dieses Bild taucht nun im Traum wieder auf, aber in einer charakteristischen Umkehr des Bildgehaltes. Der Träumer liegt auf dem Grund der Grube und blickt nach oben. Nicht nur die räumlichen Verhältnisse, sondern auch die Aussagekraft des Bildes ist im Traume umgewendet, denn die drohende Tiefe ist ersetzt durch die freundlich grüßenden Engelköpfe. Statt der Gefahr wird die Geborgenheit erlebt.

Dieser Traum bringt, jedenfalls so weit er erinnert wurde, nicht eine Handlung, sondern nur ein einziges Bild, aber ein sprechendes Bild. Dieses wirkt wie die Antwort des Schlafes auf die Empfindung des Tageslebens. Es ist nicht bloße Erinnerung, nicht ein bloßer Nachklang des am Tage Erlebten, sondern der Traum bringt eine eigene Aussage, die sogar im Kontrast zu dem steht, was die Erinnerung als Bild anzubieten hat. Es ist also die Frage, welche seelische Instanz diese Umkehr vorgenommen hat. Das vertraute Bild ist transparent für den neuen Sinngehalt, aber woher kommt dieser selbst?

Der Dramatiker der Traumhandlung

Es scheint also nicht eine seelische Instanz zu geben im persönlichen oder im kollektiven Unbewussten, die den Traum hervorbringt, sondern dieser entsteht im dynamischen Wechselspiel zwischen zwei seelischen Instanzen. Die eine ist der Gedächtnisträger, der im Wachbewusstsein wie im Traum seine Inhalte anbietet und mehr oder minder machtvoll zur Geltung bringen will. Wenn nur diese Instanz wirken würde, wäre der Traum eine bloße Spiegelung des Tageslebens. Nicht nur seine Bilder, sondern auch seine Handlung wären aus den Erlebnissen des Tages bestimmt.

Zwar gibt es extreme Fälle, in denen etwa ein erlebter Verkehrsunfall originalgetreu im Traum wiedererscheint, in denen also der Gedächtnisträger so zwingend wirkt, dass er für eine Umgestaltung der Handlung, für eine neue Aussage keinen Raum lässt. Meistens aber werden auch unbewältigte Erlebnisse während des Traums teilweise neu gesehen. So in dem bekannt gewordenen Bericht des französischen Forschers Maury.[8] Als Kind liegt er krank im Bett und liest ein Buch über die Französische Revolution. Über dieser Lektüre schläft er ein und hat den folgenden Traum.

Traum 16

«Ich träumte von der Schreckensherrschaft. Ich wohne Mordszenen bei, erscheine vor dem Revolutionstribunal, sehe Robespierre, Marat, all die garstigen Gesichter dieser schrecklichen Zeit; ich diskutiere mit ihnen; endlich nach vielen Ereignissen, an die ich mich nicht mehr recht erinnere, wird über mich Gericht gehalten. Ich werde zum Tode verurteilt und auf dem Karren, umgeben von einer ungeheuren Volksmenge, auf den Revolutionsplatz geführt. Ich steige auf das Schafott, der Henker bindet mich auf das verhängnisvolle Brett, er lässt es umkippen, und das Fallbeil saust nieder: Ich fühle, wie mein Kopf sich vom Rumpfe trennt. Ich erwache in der heftigsten Angst und fühle auf meinem Hals die Bettstange, die sich plötzlich gelöst hatte und wie das Messer der Guillotine auf mein Genick gefallen war.»

Wie der Traum zustandekommt, ist leicht zu durchschauen. In der Seele des Jungen arbeiten die unbewältigten Erlebnisse der Lektüre weiter, als er eingeschlafen ist. Nun löst sich die Bettstange und fällt auf das Genick des Schläfers. Die Ähnlichkeit mit dem Fallbeil der Guillotine ist so groß, dass in dieser Situation kaum ein anderes Traumbild auftreten kann. Ob der Junge die gesamte Handlung, an die er sich ja nur zum Teil erinnern konnte, in den wenigen Sekunden vom Auftreffen der Bettstange bis zum Erwachen geträumt hat oder ob er schon länger in den bedrängenden Bildern der Lektüre träumend gelebt hat, muss offen bleiben. Jedenfalls der letzte Teil des Traumes ist so eindeutig auf den Schlusspunkt hin komponiert, dass er sicher erst durch die fallende Bettstange ausgelöst wurde.

Es scheint zunächst, als ob der Traum nur den Inhalt der vorausgehenden Lektüre wiedergebe, also ein zwanghaft auftretender Gedächtnisinhalt sei. Doch der Traum nimmt zwei bemerkenswerte Veränderungen vor: Der Junge träumt nicht von irgendeinem Opfer des revolutionären Terrors, also von denjenigen Menschen, von denen er eben gelesen hat, sondern er identifiziert sich mit dem Angeklagten, er tritt selbst an dessen Stelle. Und der Träumer nimmt das Geschehen nicht widerspruchslos hin, sondern diskutiert mit den Richtern, er nimmt Stellung. Diese beiden Veränderungen sind sicher während der vorausgehenden Lektüre vorbereitet worden, indem der Junge Mitgefühl mit den Opfern hatte und indem er entrüstet war über die damalige Rechtsprechung. Was im Wachbewusstsein bildloses Gefühl war, wird im Traum Motiv der Handlung.

Es ist der Gedächtnisträger, der das Bildmaterial für den Traum anbietet, das auch in diesem Fall emotionsgeladen ist.

Die geschilderten Veränderungen jedoch müssen von einer gegenwirkenden Instanz vorgenommen worden sein, von einer Instanz, die stark genug ist, die eindrucksvollen und dynamischen Bilder umzugestalten. Dieser Eingriff gibt der Handlung ein neues Gepräge: Aus der Kenntnisnahme der Ereignisse während des Lesens wird das aktive Eingreifen in das Geschehen während des Traumes. Die Trennung von gelesenem Inhalt und emotionaler Stellungnahme während des Tages wird im Traum überwunden. Der mitfühlende und entrüstete Leser wird zum Teil der Handlung. Zwar endet diese auch im Traum auf der Guillotine, aber erst nachdem den Richtern gesagt worden ist, was doch einmal gesagt werden musste.

Wie der Schauspiel-Dichter Bilder und Gedanken, die dem Zuschauer aus dem Leben bekannt sind, verwendet und ihnen einen neuen, tieferen Sinn gibt, so greift auch der Traum Motive des Alltags auf und stellt sie in einen neuen und ungewohnten Zusammenhang. Wie der Schauspiel-Dichter mit einer Szene beginnen kann, die noch nicht verrät, welche Bedeutung sie für das Ganze der Handlung hat, so kann auch der Traum mit Bildern beginnen, deren Bedeutung für den Sinn des Traumes noch nicht erkennbar ist. Dass im Traum 14 die beiden Brüder sich im Gartenhaus vor dem Krieg verstecken, lässt noch nicht erkennen, dass die Handlung auf das Absägen der Beine hinzielt. Wie der Schauspiel-Dichter jedoch, ehe er die erste Zeile niederschreibt, die Handlung als Ganze schon vor Augen hat, so komponiert auch der Traum seine Handlung von vornherein auf einen Höhepunkt hin, der oft auch der Schlusspunkt ist. Deshalb möchte ich diejenige seelische Instanz, die aus den Bildern, die ihm der Gedächtnisträger bereitstellt, den Traumverlauf komponiert, den Dramatiker der Traumhandlung nennen.

Aus dem Wechselspiel dieser beiden seelischen Instanzen gestaltet sich die Bilderfolge des Traumes. Vor allem wenn unbewältigte Erlebnisse in den Schlaf hineinwirken, ist oft der Gedächtnisträger die bestimmende Macht, und der Dramatiker der Traumhandlung hat es schwer, sein eigenes Anliegen zur Geltung zu bringen. Andererseits gibt es Bildangebote des Gedächtnisträgers, die leicht umzuformen sind, die nicht einen starren Geltungsanspruch haben, die es also dem Dramatiker der Traumhandlung leicht machen, sein Konzept im Traumverlauf zur Geltung zu bringen.

Oft ist es so, dass der Traum zunächst eine Situation des Tageslebens wiedergibt und dass diese dann eine unerwartete und scheinbar unbegründete Wendung erhält, ehe die Aussage des Dramatikers der Traumhandlung deutlich hervortritt. Etwa in dem folgenden Beispiel:

Traum 17

Ich träume, dass ich eine Wochenendveranstaltung in Aurich/Ostfriesland soeben abgeschlossen habe, mich von einigen Zuhörern verabschiede und den Weg zum Busbahnhof antrete. Dabei ist mir bewusst, dass die Veranstaltung um 12.45 Uhr zu Ende war und dass der Bus um 13.00 Uhr abfährt, dass ich mich also beeilen muss. Ich sehe im Traum deutlich einige Häuser. Ich komme rechtzeitig an und sehe zwei wartende Omnibusse, die jedoch beide nicht das erwartete Richtungsschild «Oldenburg» tragen, sondern eine Ortsangabe, die mir im Traum unbekannt vorkommt. Mir wird auf dem Bussteig gesagt, ich müsse

> unterwegs umsteigen. Ich steige in den einen Bus ein und frage die Reisenden, ob ich hier Anschluss nach Oldenburg habe. Aber niemand antwortet, die Leute scheinen taubstumm zu sein. Merkwürdigerweise versuche ich mein Glück nicht in dem anderen Bus, sondern fahre los. Die Landschaft rechts und links der Straße kommt mir völlig unbekannt vor, obwohl ich den Weg nach Aurich schon mehrfach gefahren bin. Ich starre durch das Fenster in der Hoffnung, ein Ortsschild zu entdecken oder irgendetwas, was mir Auskunft über den Weg geben könnte. Doch vergeblich. Die Fahrt geht wie ins Leere. Ich erwache und habe es schwer, beim Aufstehen das Gleichgewicht zu finden. Die Welt passt heute früh eindeutig nicht zu mir.

Kurz zuvor hatte ich tatsächlich eine Wochenendveranstaltung in Aurich gehabt, und der Traum gibt die Bilder aus der Stadt auch richtig wieder, sogar die Zeitangaben stimmten. Ich bin von Aurich mit dem Omnibus abgefahren, jedoch nicht nach Oldenburg, sondern nach Leer. Der Zug von dort fährt nicht über Oldenburg, aber immerhin: Oldenburg liegt auf der Strecke von Leer nach Bremen, und die hätte ich wählen können. Also die Geographie-Kenntnisse haben mich im Traum nicht ganz verlassen. Orts- und Zeitgefühl waren im ersten Teil des Traumes durchaus intakt.

Doch als ich in den Bus steige, verliere ich die Orientierung. Die Reisenden, die selbstverständlich nicht die Fahrgäste vor einigen Tagen, sondern ein Teil meiner eigenen Persönlichkeit sind, antworten nicht, meine Suche nach Sicherheit geht ins

Leere. Der zweite Teil des Traumes steht also in deutlichem Kontrast zum ersten Teil, der klar und wirklichkeitsgerecht war. Nicht nur die nun folgenden Bilder waren fremd, sondern auch die Traumhandlung wurde ihrem ursprünglichen Sinn, der Rückfahrt in meine Heimatstadt Dortmund, entfremdet. Ein neues Motiv, das weder im ersten Traumteil noch in den vorausgehenden Tageserlebnissen veranlagt war, setzt sich durch: ins Ungewisse zu fahren und nicht den Anschluss zu finden. Woher dieses Motiv stammt, wird erst nach dem Erwachen deutlich. Ich bekomme den Leib nicht recht in den Griff. Der Dramatiker der Traumhandlung spürt in der Zuwendung an den Leib die physiologischen Probleme und verbildlicht seinen Eindruck in der veränderten Traumsituation.

Der Gedächtnisträger, der die Erinnerungen aus dem Tagesleben anbietet, bestimmt im ersten Traumteil nicht nur die Bilder, sondern auch den Verlauf der Handlung. Das ist bemerkenswert, denn es handelt sich hier ja nicht um bewegende oder gar bedrängende Inhalte, sondern um eine belanglose Situation, die durch beliebige andere Bilder aus den letzten Tagen hätte ersetzt werden können. Als der Dramatiker der Traumhandlung eingreift, löscht er diese unbedeutenden Bilder nicht aus, sondern knüpft an sie an, gibt ihnen jedoch eine andere Wendung, einen neuen Sinn. Das ist charakteristisch für den Dramatiker. Er ist angewiesen auf die bereitliegenden Bilder, denn er wirkt nicht bildschaffend, sondern sinngebend. Und doch greift er in die Bild-Ebene ein, indem er den Charakter, die Stimmung der Bilder ändert. Diese waren im ersten Traumteil vertraut und gaben Sicherheit; nun werden sie fremd und verunsichern. Der Weg zum Busbahnhof hatte ein klares Ziel, die Fahrt durch die unbekannte Landschaft geht ins Ungewisse. Diese Wendung wird nicht abrupt vollzogen, sondern bereitet sich vor: in den Richtungsschildern, die mir nichts sagen, dann in der Auskunft, ich müsse umsteigen, dann in den «taubstummen» Fahrgästen. Und zugleich steigert sich die Auslieferung an die Traumhandlung. Auf dem Weg zum Busbahnhof bin ich aktiv, ich überschaue die räumlichen und zeitlichen Verhältnisse. Das ändert sich beim Einsteigen in den Bus. Dass ich keine Auskunft über das Fahrziel bekomme, nehme ich hin, ich suche nicht den Fahrer auf, ich versuche nicht mein Glück in dem anderen Bus. Ich starre nur noch durch das Fenster und hoffe, dass mir durch ein Ortsschild eine Orientierung von außen entgegenkommt. Vergeblich. Wie ich auch dann nach dem Aufwachen zunächst vergeblich versuche, Körpergefühl und Raumorientierung miteinander in Einklang zu bringen.

In diesem Fall also scheint der Dramatiker der Traumhandlung nicht von Anfang an das Konzept zu verfolgen, das zum Schluss deutlich ist. Die Bilder des Anfangs bereiten nicht den zweiten Teil der Handlung vor, wie das Versteck im Gartenhaus (im Traum 14) die Gefangennahme der beiden Jungen einleitet. Der Dramatiker ist wohl erst während des Traumes, als die physiologische Situation deutlich wurde, auf die «Idee» gekommen, einen neuen Inhalt zu setzen.

Unvollständige Träume

Es kommt vor, dass wir erwachen und den Eindruck haben, der Traum sei noch gar nicht zu Ende gewesen. Wir drehen uns um und träumen an der gleichen Stelle der Handlung weiter. Das wird wohl meistens nur dann gelingen, wenn in der kurzen Zwischenphase des Wachbewusstseins nicht starke und traumbestimmende Erlebnisse aufgetreten sind. Ist es aber der gleiche Traum, der dann weitergeträumt wird? Das ist nur dann der Fall, wenn der Traum den Zielpunkt seiner Handlung noch nicht erreicht hatte, das heißt, wenn nach dem Wiedereinschlafen nicht nur an der gleichen Stelle wieder angesetzt wird, sondern wenn auch das dramatische Konzept das gleiche bleibt. Hier wird oft nicht genau genug beobachtet. Denn der Mensch, der aus dem Wachbewusstsein in den Traum eintritt, ist in einer ganz anderen seelischen Verfassung als derjenige, der aus dem Tiefschlaf kommt. Und das wirkt sich in der Regel zunächst auf das dramatische Konzept des Traumes und erst in zweiter Linie auf dessen Bilderwelt aus. Die eben geträumten Bilder liegen ja für ein neues dramatisches Konzept am nächsten, und deshalb ist es nicht erstaunlich, dass die letzte Traumsituation nun nach dem Einschlafen wieder auftritt. So sind wohl viele «Fortsetzungsträume» zu erklären. Aber selbstverständlich ist es möglich, dass nicht nur die Bilderfolge, sondern auch deren dramatisches Konzept fortgesetzt und erst nach dem Wiedereinschlafen seinem Zielpunkt zugeführt wird.

Manchmal erwachen wir aus einem schönen Traum mit dem Gefühl, wir seien zu früh aus ihm herausgerissen worden. Nicht weil die Handlung unvollständig gewesen wäre und wir deren Ende gerne noch erfahren möchten, sondern weil wir noch verweilen möchten in dem, was gewesen ist. Dieses Gefühl zeigt, dass es beim Traum nicht nur um eine vollständige und in sich geschlossene Handlung geht, sondern auch um deren volles Auskosten. Der Traum schildert nicht etwas für den träumenden Menschen, sondern er ist ein Prozess der Selbsterfahrung, der auf eine Erfüllung zustrebt. Die ist zwar nicht auf das Zeitmaß des Wachbewusstseins angewiesen, und doch braucht sie eine gewisse Reifung. Es gilt allgemein, dass der Mensch sich in natürlicher Weise nur von dem lösen kann, was er voll durchlebt hat. Die erwähnten schönen Träume finden ihre Erfüllung in einer beschwingten Stimmung für den Tag. Wenn der Mensch in dieser inneren Verfassung aufwacht, ist nicht nur die Traumhandlung an ihrem inhaltlichen Schlusspunkt angekommen, sondern auch der träumende Mensch.

Als besonders glücklich werden oft farbige Träume erlebt. Manche Menschen behaupten, immer farbig zu träumen, andere können sich gar nicht an farbige Träume erinnern. Die nicht-farbigen Träume als schwarz-weiß zu bezeichnen, ist unpassend, denn das Traumbild ist im Allgemeinen nicht so kontrastreich. Auch von verschiedenen Grau-Schattierungen zu sprechen, trifft nicht die Wirklichkeit des Traumes. Die Gestalt eines Traumes entsteht nicht, wie diejenige des Wahrnehmungsbildes am Tage, dadurch, dass ein Gegenstand sich vom anderen optisch abhebt, sondern die Konturen ergeben sich aus der Bewegung. Traumbilder bleiben nicht beständig, sie können nicht festgehalten werden – wie der Blick am Tage auf einem Gegenstand ruhen kann. Aus der Bewegung einer Person im Traum formt sich deren Bild.

Wenn die Bilder zeitweise oder für die ganze Dauer des Traumes farbig werden, zeigt das an, dass sie seelisch (für das Tagesleben würden wir sagen: mit Empfindung) durchdrungen werden. Farbige Träume als besonders tief oder «spirituell» zu bezeichnen, dazu besteht kein Anlass. In der Farbigkeit greift wohl der Dramatiker der Traumhandlung tiefer in die Bildgestaltung ein – wie auch am Tage die Wahrnehmungsbilder mehr oder weniger stark von Empfindung durchdrungen sein können.

III. Angstträume und Wunschträume

Die Macht der Angst

Manche Menschen wachen oft mit Angstträumen auf. Vielleicht fühlen sie sich von einem anderen Menschen oder von einem Tier verfolgt. Sie fliehen durch einen dunklen Wald und suchen schließlich Schutz in einer Höhle. Doch der Verfolger nimmt den gleichen Weg. Und als er zupackt, wird man wach. – Oder auf einer belebten Straße steuert ein Hund zielsicher an allen anderen Passanten vorbei auf die Waden seines Opfers zu, und als der Hund zubeißt, wird der Träumer wach. – Oder man fährt auf der Autobahn, immer rascher, weil man von einem anderen Wagen verfolgt wird. Als man in einer Kurve abbremsen muss, rammt der verfolgende Wagen den eigenen, und man wird wach.

So verschieden die Bilder dieser Träume sind, sie folgen dem gleichen Konzept der Handlung. Die Gefahr wird zunächst in der Ferne wahrgenommen, sie kommt immer näher, unaufhaltsam und unerbittlich. Kein anderer Mensch bemerkt die Gefahr, die dem Träumer droht, und niemand kommt ihm zu Hilfe. Im Augenblick der Katastrophe erwacht der Träumer. Er hat sich nicht zur Wehr gesetzt, was doch nahe gelegen hätte.

Ein zweites häufiges Motiv der Angstträume ist das eigene Versagen. Ein Herr mittleren Alters ist auf dem Wege zur Straßenbahnhaltestelle, da werden seine Schritte immer kleiner, er kommt kaum noch von der Stelle, während an der nächsten Ecke die Straßenbahn vorbeifährt. – Ein älterer Herr ist im Gespräch mit Freunden und will sich eben selbst äußern, da versagt seine Stimme. Die anderen schauen ihn erwartungsvoll an, aber er bringt keinen Laut hervor. – Eine Dame, die unter Unruhe und übersteigertem Tätigkeitsdrang leidet, träumt, obwohl sie selbst nicht Autofahrerin ist, dass sie hinter dem Steuer sitzt und einen Berg abwärts rast, während sie vergeblich nach dem Bremspedal sucht.

Es ist deutlich, dass es sich bei diesen drei Beispielen um eine Willenslähmung handelt. Der Träumer kann nicht in die Welt eingreifen, diese entgleitet ihm – während in den vorausgehenden Träumen die Welt überwältigend auf den Träumer eingewirkt hatte.

Ein drittes häufiges Motiv der Angstträume ist ein Verlust, vor allem der Verlust eines Menschen. Man träumt, dass man am Bahnsteig steht und in einiger Entfernung ein Bekannter in den Zug einsteigt. Man ruft, aber der andere hört nicht. Während der Zug sich in Bewegung setzt, wird man wach. Auch hier droht die Welt dem Träumer zu entgleiten, doch wichtiger ist, dass er zurückbleibt, allein gelassen wird.

Ein viertes, wohl nicht ganz so häufiges Motiv der Angstträume ist die Bloßstellung. Man träumt von einer Eisenbahnfahrt, man unterhält sich mit anderen Reisenden. Der Zug fährt in eine Station ein, wo er etwas länger Aufenthalt hat. Man möchte sich ein wenig die Füße vertreten und geht auf den Bahnsteig hinaus – da bemerkt man, dass alle Blicke auf einen gerichtet sind, man schaut an sich hinab und steht … nackt da. Aus Scham wacht man auf.

Nacktheitsträume können in verschiedenen Zusammenhängen recht verschieden gedeutet werden. Hier handelt es sich um einen ganz schlichten Angsttraum. Die Fahrt mit der

Eisenbahn, die Unterhaltung mit den anderen Reisenden, das Bedürfnis, auf dem Bahnsteig ein wenig auf und ab zu gehen, haben mit dem folgenden Blick auf die eigene Nacktheit noch gar nichts zu tun. Dieses Motiv ist nicht vorbereitet, sondern bricht in die Traumhandlung ein und bricht diese auch ab. Es geht nicht um die Nacktheit des Körpers, sondern darum, dass man unerwünscht im Mittelpunkt der Aufmerksamkeit steht, dass man entblößt ist, während alle anderen im sicheren Schutz ihrer Kleidung dastehen. Hier handelt es sich nicht um eine Überwältigung durch die Welt und nicht um ein eigenes Versagen, sondern um eine Störung der Beziehung zwischen Ich und Welt. Ich bin nicht selbstverständlich in die Welt aufgenommen, sondern exponiert.

Vielleicht tritt nicht ein einziges, sondern es treten mehrere der genannten Motive im gleichen Angsttraum auf. So schreibt ein elfjähriges Mädchen:

Traum 18

Ich träumte, es sei ziemlich heiß, und deshalb wollte ich mich im kühlen Wasser erfrischen. Ich kletterte die Leiter zu einem Zehnmeterbrett hoch. Ich sah das Becken unter mir, das in eine Grotte weiterging. Nun wollte ich springen, doch meine Füße klebten am Boden fest. Ich zerrte und zerrte, doch irgendetwas hielt mich am Boden fest. Ich wurde ungeduldig und die Leute wollten mich schon wegschubsen, als die Kraft im Boden nachließ. Nun konnte ich springen. Doch bis ich das kühle Wasser berührte, dauerte es noch lange. Ich fiel und fiel, doch es nahm kein Ende, und da bemerkte ich, dass ich nicht

> wusste, wohin ich fiel, denn meine Augen bekam ich nicht auf. Es war ein schreckliches Gefühl, es war, als wären meine Augen verklebt. Indem ich fiel, versuchte ich, meine Augen zu öffnen, doch es gelang mir nicht, und so versuchte ich ruhig zu bleiben und abzuwarten, bis das Wasser käme. Da gab es einen großen Spritzer, doch das Wasser spürte ich gar wenig. Jedenfalls öffneten sich meine Augen einen Spalt. Da sah ich mühsam, wie Mama und Papa in die Grotte schwammen. Mit blinzelnden Augen, die auf die Grotte schauten, versuchte ich immer schneller und immer schneller zu schwimmen. Ich schwamm, doch zu meinem Schrecken kam ich keinen Meter voran. Da versuchte ich es mit Rufen: «Mama, Papa, wartet doch, ich kann nichts sehen.» Mein eigentlich lautes Rufen wurde von irgendetwas erdrückt, hier war alles verhext.

Der Traum beginnt mit einer wahrscheinlich vertrauten Situation, mit der Hoffnung auf ein kühlendes Bad. Das Mädchen blickt vom Sprungbrett aus in das Becken und scheut sich (im Traum) offenbar nicht, aus zehn Metern Höhe hinabzuspringen. Da beginnt die Willenslähmung einzugreifen, erst indem die Füße am Boden kleben, später indem die Augen nicht geöffnet werden können und schließlich indem das Mädchen beim Schwimmen nicht vorankommt. Das Motiv der Willenslähmung verbindet sich mit demjenigen des Verlustes. Die Träumerin sieht ihre Eltern in die Grotte schwimmen, aber diese sehen offenbar ihre Tochter nicht, auch das Rufen kommt nicht an.

Zwischen den Sprung und das Auftreffen auf dem Wasser schiebt sich eine weitere Aussage des Traumes. Das Mädchen ist sich (schon während des Traumes) bewusst, dass der Fall viel zu lange dauert. Er wird voll ausgekostet und gewinnt damit eine eigene Bedeutung im Ganzen der Handlung. Der Sturz in eine schier bodenlose Tiefe ist ein typisches Motiv für Aufwachträume. Und sicher wird auch hier der Vorgang des Aufwachens geträumt, aber dieses Motiv ist nicht der bestimmende Inhalt des Traumes, denn sobald das Mädchen im Wasser angekommen ist, wird das Anfangsmotiv fortgesetzt: Statt der Füße kleben nun die Augen fest. Wenn die zentrale Aussage das Aufwachen wäre, sollte man erwarten, dass der Traum beim Aufprall enden würde.

Der Traum unterscheidet deutlich zwei Ebenen: diejenige, die vor dem Beginn der geschilderten Handlung liegt und fast nur in der Stimmung deutlich wird, in der Erwartung auf das erfrischende Bad, in dem Schwung, mit dem sich die Träumerin auf den Sprung vom Zehnmeterbrett einstellt. Diese Ebene findet eine Art negativer Fortsetzung in der Ungeduld der anderen Traumgestalten, die auch springen wollen. – Und dann beginnt die andere Ebene zu wirken mit den beiden Erlebnissen der Ohnmacht und des Alleingelassen-Seins. Die Träumerin kommt aus einer Region, in der sie freudig und beschwingt gewesen ist, und sie tritt in eine Region ein, in der sie gelähmt und vereinsamt ist. Sie wechselt aus der leibfreien in die leibgebundene Welt hinüber.

Nicht selten kommt der Träumer aus einer Region, in der er sich sicher fühlte. Und er wird verunsichert, wenn er auf sich selbst zurückverwiesen wird. So berichtet ein elfjähriges Mädchen:

Traum 19

> Ich habe geträumt, dass ich fliegen könnte. In meinem Traum erwachte ich am Morgen und flog zur Schule. Aber da war ein Junge, der sagte, ich solle ihm zeigen, wie ich fliegen könnte. Plötzlich konnte ich nicht mehr fliegen und plumpste nach unten. Davon wurde ich wach.

Das Fliegen ist ein typisches Motiv in Einschlafträumen. Man geht vielleicht durch eine Hochgebirgslandschaft, erhebt sich vom Boden und fliegt in die Weite des Himmels. Hier kann die Träumerin bereits fliegen, es scheint ihre gewohnte Fortbewegung zu sein. Sie kommt aus einer Welt, in der man zu fliegen pflegt, aus dem Tiefschlaf. Dort lebt man selbstvergessen. Doch sobald die Träumerin (im Traum) reflektieren soll, was sie beständig tut, ist sie verunsichert und stürzt in das Wachbewusstsein ab.

Ein elfjähriger Junge berichtet von einem Traum, den er als fünfjähriger gehabt hat, der ihn also stark beeindruckt haben muss:

Traum 20

> Ich träumte, dass ich auf der Treppe nach unten plötzlich bemerkte, wie hinter mir die Stufen wegfielen, und als ich fast unten angekommen war, sah ich vor mir einen Abgrund. Ich lief einfach weiter und weiter über den Abgrund drüber.

Der Weg des Träumers geht nach unten, dem Erwachen entgegen. Die Stufen hinter ihm brechen weg, es gibt kein Zurück.

Man sollte erwarten, dass er mit der letzten Stufe zusammen in den Abgrund stürzt und damit erwacht. Aber nein! Obwohl der Junge sich des Abgrunds bewusst ist, geht er einfach weiter und stürzt nicht.

Wenn der Träumer Initiative zeigt, wenn er sich aus dem Strom der Traumhandlung löst, ist oft die Nähe zum Wachbewusstsein erkennbar, vor allem wenn eine Überlegung zur Initiative führt. Doch hier geht der Träumer «einfach weiter und weiter über den Abgrund». Er ist unbekümmert, seine Aufmerksamkeit ist auf die Welt, nicht auf ihn selbst gerichtet. Das weist eher auf eine Haltung hin, die aus dem Tiefschlaf mitgebracht wird. Und es ist auch nicht von einem raschen Erwachen die Rede. Der Träumer bleibt, trotz des Abgrundes, vom Schlaf umfangen.

Dramatischer in den Bildern und selbstbewusster in der Haltung wirkt ein Traum, den der österreichische Dichter Friedrich Hebbel erzählt:

Traum 21

> «In der letzten Nacht träumte mir, ich stände in einem uralten Brunnen von unabsehlicher Tiefe, das heißt oben innerhalb des Geländers auf einem Balken Dieser Brunnen war aber eigentlich eine Uhr, Räder gingen, wie die grünlichen Wasser flossen, Gewichte stiegen auf und nieder, ich musste alle Augenblicke meinen Platz verändern, wenn ich nicht erquetscht oder in die Tiefe hinabgestoßen werden wollte. Meine Angst stieg von Minute zu Minute, endlich wurde sie so groß, dass ich mich auf die Gefahr des Untergangs hin aus meiner Lage zu befreien suchte,

> ich wagte einen Sprung und entkam. Nun traf ich Tine, die mir sagte, in dem Brunnen seien fünf alte Kaiser begraben.»[9]

Das Bild der «unabsehbaren Tiefe» unter dem Menschen ist ein typisches Motiv für Angstträume – wie auch für Angstgefühle am Tage. Dass die Tiefe in einen Brunnenschacht eingeschlossen wird, deutet auf den Anlass zur Angst hin: auf den Eintritt in den Leib beim Erwachen. Denn wie bei der Behandlung der Aufwachträume bereits geschildert, steigt der Erwachende oft in einem Turm abwärts oder er kriecht durch eine enger werdende Röhre, in der er schließlich steckenbleibt. Ohne erkennbaren Grund verwandelt sich in Hebbels Traum die Szene: Aus dem Brunnenschacht wird ein riesiges Uhrwerk, dessen Mechanik den Träumer zu zerquetschen oder in die Tiefe zu reißen droht. Dass ein Zahnradgetriebe den Leib, der noch von außen her erlebt wird, symbolisieren kann, wurde bereits am Traum 5 gezeigt. Da das Bild des Uhrwerks nicht aus demjenigen des Brunnenschachts hervorgeht, konkretisiert der Dramatiker der Traumhandlung im Szenenwechsel offenbar das, was er meint. Aus dem Absturz in den Leib wird die Einbindung in die physiologischen Vorgänge.

Hebbel stürzt jedoch nicht ab, sondern er träumt weiter. Wie der fünfjährige Junge im Traum 20 ergreift er die Initiative zum Sprung und rettet sich. Doch der drohende Absturz bleibt weiterhin Thema der Handlung. Als er seiner Lebenspartnerin begegnet, erklärt ihm diese, in dem Brunnen seien fünf Kaiser begraben. Damit fügt der Traum seiner Aussage über den Leib ein weiteres Motiv hinzu: Er ist Begräbnisstätte, er ist die Welt des Todes gegenüber dem Leben des Schlafes. Und dass es fünf alte Kaiser sind, die hier liegen, ist eine der zahlreichen Übertreibungen des Traumes und macht die Szene unheimlicher, als das Uhrwerk es vermöchte.

Die Verbindung von Wünschen und Ängsten im Traum

Auch im Wachbewusstsein haben wir manchmal Angst vor der Erfüllung dessen, was wir uns wünschen. Wie viele Kinder freuen sich auf die Schule und haben zugleich Angst vor der unbekannten Welt, die sie dort erwartet. Diese zwiespältige Seelenhaltung kann sich fortsetzen in der Erwartung auf Beruf oder Ehe, und schließlich können sich im Alter Todessehnsucht und Todesangst miteinander verbinden. Im Traum zeigt sich der Zwiespalt oft darin, dass Empfindung und Handlung nicht miteinander übereinstimmen, dass wir denjenigen abweisen, den wir gerne haben, oder dass wir uns demjenigen zuwenden, vor dem wir Abscheu empfinden. Das zeigt der Traum eines etwa elfjährigen Mädchens:

Traum 22

«‹Wollen wir jetzt baden gehen?›, fragte meine Freundin Renate. ‹Ja, los, jetzt sind gerade schöne Wellen!› Nachdem wir schon eine Weile im Wasser waren, kamen plötzlich Fische. Es waren Aale, Seeschollen und viele andere Fische, die ich nicht kannte. Die Aale schlangen sich um meine Beine, und einer machte einen mächtigen Satz und legte sich um meinen Hals. Er mochte mich wohl sehr gern. Meine Freundin hielt sich den Bauch vor Lachen. Für mich war es ungeheuer schwer, den liebevollen Aal loszuwerden. Nach langer Zeit und großer Mühe gelang es, denn er war glitschig und wollte mich nicht loslassen. Schleunigst schwammen wir fort. Da begegneten wir einem großen Jungen, der fragte: ‹Soll ich dieses Ungeheuer fangen? Solch einen Aal gibt es nicht noch mal. Den brauchst du dann nur noch zu räuchern.› Der Aal gefiel mir besser als der Junge, und ich hatte auch keine Angst vor ihm gehabt. Ich sagte aber ‹ja›, obwohl es mir furchtbar leid tat. An dieser Stelle wurde ich dummerweise geweckt.»[10]

Der Traum knüpft an die Situation des vorangegangenen Tages an. Das kommt sogar stilistisch zum Ausdruck, indem die Erzählung des Mädchens mit der direkten Rede beginnt. Die Erinnerung an die gestrigen Badefreuden führt nahtlos hinüber zu der zentralen Traumhandlung, in deren Mittelpunkt der liebevolle Aal steht. In die schönen Bilder des unbefangenen Spiels mit den Wellen schiebt sich eine neue, bisher unbekannte Welt hinein. Neben den Aalen und Schollen sind es «viele andere merkwürdige Fische». Dann konzentriert sich das Interesse auf die Aale, an denen für das Traumverständnis vor allem die Bewegung zu beachten ist. Sie «schlingen sich» um die Beine, einer springt sogar nach oben und legt sich um den Hals des Mädchens. Und hier zeigt sich der Zwiespalt der Empfindung. Einerseits kann die Träumerin nachfühlen, dass der Aal sie wohl gerne hat, andererseits will sie ihn loswerden. Das gelingt nicht rasch, denn er ist glitschig, er wehrt sich gegen den Versuch, ihn abzustreifen.

Zu Beginn handeln die Träumerin und ihre Freundin gemeinsam, sie bilden eine Einheit. Als die Fische erscheinen, wird die Freundin offenbar nicht belästigt, sondern nur die Träumerin. Die Freundin kommt nicht zu Hilfe, sondern «hält sich den Bauch vor Lachen». Aber die Distanz ist nur vorübergehend, denn die beiden schwimmen gemeinsam wieder fort.

Reservierter ist die Beziehung zu dem «großen Jungen». Er scheint nicht ein Kamerad zu sein, sondern eher ein Vertreter der Erwachsenenwelt. Er bietet an, den Aal für seine Aufdringlichkeit zu bestrafen. Dem musste die Träumerin ja wohl zustimmen – doch der Aal tat ihr leid, er gefiel ihr besser als der Junge.

Der Aal oder – häufiger – die sich ringelnde Schlange ist ein typisches Traumsymbol für Sexualität. Die Elfjährige, die von ihm träumt, stammt aus einer wohlhabenden, behütenden Familie, in der sie keine Sorgen um die Zukunft kennt. Ihre kindliche Natürlichkeit hat sie bewahrt und ist sich ihrer selbst sicher. Daher das fast unproblematische, sogar humorvolle Auftreten des Traumsymbols. Sie will den Aal abstreifen, was ihr auch aus eigener Kraft gelingt – jedenfalls in der Handlung des Traumes, aber nicht in der Empfindung. Noch gelten die Normen der Erwachsenengesellschaft, die durch den großen Jungen repräsentiert wird; noch folgt sie im Traume nicht ihrer Empfindung.

Die Elfjährige träumt die Situation, in der sie gegenwärtig steht. Durch «Wegschwimmen» sind die sich nahenden Probleme der Sexualität noch zu lösen, aber sie melden ihre Ansprüche bereits an. Für den großen Jungen ist der Aal ein «Ungeheuer», das es «nicht noch mal gibt», für die Träumerin ist der Aal nur glitschig, für die Freundin ein Anlass zu lachen. Weniger harmlos ist die Situation in dem Traum eines dreizehn- oder vierzehnjährigen Mädchens, die für ihr Alter sehr entwickelt ist. Sie ist in ihrer Erscheinung nicht schön, sie hat keine Freundin und zeigt kaum Schwung, Humor und Charme. Nur dank ihrer fast krankhaften Eitelkeit kann sie alle diese Schwächen übersehen. Sie träumt:

Traum 23

«Wir saßen im Auto und fuhren durch Hamburg, meine Eltern und ich. Ich wollte eine Hafenrundfahrt machen, aber meine Eltern parkten das Auto mitten in der Stadt, und wir machten eine Wanderung durch Straßen, die kein Ende nahmen. Die Stadt muss riesengroß sein, und am Ende kam ich mit meinen Eltern gar nicht mehr mit. Außerdem wollte ich, wenn wir hier schon herumlaufen mussten, in die herrlichen Schaufenster gucken. Aber vor Angst, meine Eltern zu verlieren, sah ich eigentlich vor lauter Begier, alles auf einen Blick zu erhaschen, gar nichts. Schließlich, in einer ganz öden Gegend, es standen nur die Hütten armer Leute an der Straße, waren meine Eltern wirklich weg. Ich rief: ‹Hier bin ich, hallo!› Und eine Stimme antwortete. ‹Hier bin ich, hallo!› Es war nur ein Echo. Jetzt rannte ich durch schmutzige Gässchen und fiel auf dem glitschigen Pflaster dauernd hin. Plötzlich sah ich neben mir einen kleinen Mann laufen, der einen ledernen Beutel in der rechten Hand hielt. Schließlich lief er vor mir her. Und was sollte ich tun? Ich folgte ihm bis in sein Haus. Mein Verstand warnte mich

> zwar, dieses Haus zu betreten, aber das Männchen sah nicht böse aus. Das Haus hatte innen keine Fenster. Es war ganz dunkel. Irgendetwas bewegte sich darin, der Mann hatte anscheinend noch eine Familie, aber ich konnte sie nicht sehen. Unsichtbare Hände fassten nach mir, kniffen mich, streichelten mich, tasteten mich ab. Was wollten sie? O Gott, sie zogen mich aus. Meinen Rock, die Schuhe, Strümpfe, Pullover, Mantel, die neue Mütze, alles nahmen sie mir weg. Ich war nackt. Alles war mit einem Male still. Sie hatten mich allein gelassen. Mühsam gelangte ich zurück ins Freie, aber nun war die Straße, die vorher leer gewesen, ganz voller Menschen. Das kleine Männchen war allerdings noch neben mir und sah mich traurig an. Es sagte keinen Ton, aber mir schien, es tat ihm alles sehr leid. Es stellte sich vor mich und flüsterte mir ins Ohr: ‹Mach dir nichts draus, du bist sehr schön.› Am liebsten hätte ich ihm etwas geschenkt, aber was besaß ich denn noch? Stattdessen zog er aus seinem Beutelchen einen großen Geldschein und drückte ihn mir in die Hand. ‹Werde ich Sie wiedersehen?›, fragte ich. ‹Was ist das hier für eine Straße?› ‹Hafeneinfahrt 4›. ‹Wie komme ich denn wieder da hin?› ‹Lieber nicht›, sagte er.»[11]

Die Träumerin geht ihren Weg zunächst zusammen mit den Eltern. Aber schon bald lässt sie sich durch die Schaufensterauslagen ablenken, deren Reiz stärker ist als die Zugehörigkeit zur Familie. Die Lösung aus der vertrauten Welt wird zunächst durch die öde Gegend mit den Hütten armer Leute verbildlicht, dann wird das Motiv zum Verschwinden der Eltern und schließlich zum Echo der eigenen Stimme gesteigert. Die Träumerin verliert ihre Sicherheit, als sie auf dem glitschigen Pflaster immer wieder ausrutscht. Da erfolgt die Wendung der Handlung. «Plötzlich», so sagt der Bericht ausdrücklich, taucht der kleine Mann auf. Ein fremder Mann in einer fremden Gegend – da sollte doch die Träumerin versuchen zu fliehen! Aber sie kann gar nicht anders, als ihm zu folgen, obwohl ihr «Verstand» sie warnt. Sogar in das Haus folgt sie ihm, denn er sah ja nicht böse aus.

Nun steigert sich das Motiv der Fremdheit zur Dunkelheit. Aus ihr kommen die unsichtbaren Hände, die das Mädchen entkleiden. Ihr selbst geschieht nichts, aber sie verliert alles, was sie hat, sogar die neue Mütze. Die Träumerin ist nackt. Als sie auf die nun belebte Straße hinaustritt, ist jedoch nicht von den Blicken der Passanten und nicht von der Scham der Träumerin die Rede. Erstaunlicherweise. Denn es geht nicht um Sexualität, sondern um den Verlust der Kleidung, der Hülle, in der sich das Mädchen bisher sicher gefühlt hat. Vielleicht darf man auch von dem Verlust der Kindheit sprechen.

Rätselhaft ist die Beziehung zu dem Männchen am Schluss der Handlung. Nachdem die Träumerin aller Kleider beraubt ist, fragt sie, wie sie den Weg zu diesem Haus zurück finden könne. Will sie denn nochmals entkleidet werden? Oder ist nicht vielmehr der Raub der Kleider, die sie aus dem Elternhaus mitgebracht hat, ein für allemal erfolgt? Deshalb braucht sie eine neue Zugehörigkeit, die in dem Geldschein des Männchens schon eingeleitet ist. Daher taucht nach dem Abenteuer im Haus auch nicht mehr der Gedanke an die

Eltern auf. Zurückhaltend ist nicht die beraubte Träumerin, sondern das Männchen.

Wer ist diese schweigsame Gestalt, die wie selbstverständlich die Führung übernimmt, als die Eltern verschwunden sind? Das Männchen gehört sicher zur Persönlichkeit der Träumerin, ebenso wie die Eltern, die öden Straßen, das Haus und die unsichtbaren Hände, die tasten, kneifen und streicheln. Während das Auto, das abgestellt wird, und die Eltern, die verschwinden, dem bisherigen Leben der Träumerin angehören, ist das Männchen offenbar ein Zugriff auf die Zukunft. Auf eine Zukunft, die über eine Verlustangst (auf der Straße) zum tatsächlichen völligen Verlust (im Haus) führt, jedoch auch etwas Verlockendes bereithält. Recht genau und anschaulich ist das formuliert, indem das Männchen der nackten Träumerin, die am Tage sicher unter ihrer nicht ansprechenden Erscheinung leidet, ins Ohr flüstert: «Mach dir nichts draus, du bist sehr schön». Hüllenlos, nackt fühlt sich oft der Jugendliche, nachdem die kindlichen Verhaltensformen abgestreift sind und bevor eine neue Lebensform gefunden wird. Und doch gehen viele Jugendliche mit einer erstaunlichen Sicherheit der ungewissen Zukunft entgegen, denn sie identifizieren sich nicht mit demjenigen, der sie heute sind, sondern mit dem, der sie werden wollen und können. Das Männchen im Traum ist der Quell dieser Sicherheit. Das Mädchen träumt nicht von der lebensreifen Frau, die sie einmal sein wird, sondern von der Kraft, die sie auf dem Weg dorthin führen wird. Von einer Kraft, die wissend, aber schweigsam ist, die gewähren lässt und zugleich verständnisvoll ist, die den jugendlichen Menschen bestätigt und sogar im kritischen Moment ein Geschenk bereit hat.

Die Weisheit mancher Angst- und Wunschträume

Angstträume können einen Menschen warnen, wenn er bereit ist, ihre Botschaft zu hören:

TRAUM 24

Ein Mann in mittleren Jahren wandert einen Gebirgspfad entlang, der unerwartet durch eine Geröllhalde unterbrochen ist. Auf deren anderer Seite ist die Fortsetzung des Pfades zu erkennen. Und so beginnt der Wanderer unbekümmert, die Geröllhalde zu überqueren. Als er deren Mitte erreicht hat, gibt einer der Steine nach, er springt auf einen anderen Stein, der jedoch ebenso nachgibt. Immer schneller rutscht er ab und klammert sich an einen Strauch, den er jedoch mit den Wurzeln ausreißt. Er stürzt schließlich in einen Abgrund und erwacht.

Ein solcher Traum kann ganz harmlos verstanden werden als Nachklang einer Fantasievorstellung am Tage, einer Lektüre, eines Films ... Er kann auch gedeutet werden als ein typischer Aufwachtraum, in dem das Motiv des Sturzes ja häufig vorkommt. Aber dieser Traum kann auch als Bild für die gegenwärtige Lebenssituation gesehen werden. Der Lebensweg schien bisher vorgezeichnet, und er war gangbar. Ein auftretendes Hindernis scheint den weiteren Weg nicht ernsthaft zu beeinträchtigen, man ist ja bergtüchtig. Doch die unsichere Wegstrecke birgt eine Gefahr, die nicht sogleich erkannt wird.

Wie kann der Träumer nach dem Erwachen entscheiden, welche der genannten drei Deutungen für ihn zutrifft? Die einzelnen Bilder wie auch die Bilderfolge geben keine eindeutige Auskunft, das kann nur die Nachstimmung des Traumes tun. Nicht die Gedanken und Gefühle, die der wachende Mensch im Rückblick auf den Traum entwickelt, sondern die Stimmung, die er aus dem Traum mitbringt, könnte sagen: Wie gut, dass es nur ein Traum war. Oder: Welcher Unsinn, dass alle Steine so locker sitzen sollen. Oder es könnte die Stimmung mitgebracht werden: Der Traum hat meinen Leichtsinn ganz gut erkannt, durch den Traum fühle ich mich persönlich betroffen. Dann ist das ein Hinweis darauf, dass die dritte Deutung zutrifft, dass der Angsttraum also bereits eine Art Wahrtraum ist.

Die schwedische Schriftstellerin Elin Wägner hatte im Alter von dreiundfünfzig Jahren den folgenden Traum:

Traum 25

«Sie stand am Ufer eines heftig brausenden Flusses, den sie um jeden Preis überqueren musste. Aber die einzige Brücke, die es gab, war sehr primitiv: lose und dünn gelegte Bretter in einer unsicheren Anordnung, die im Winde schwankten, ohne Geländer zum Festhalten. Als sie im Traum bis zur Mitte der Brücke gekommen war, bemerkte sie zu ihrem Schrecken, dass die Brücke nicht bis zum anderen Ufer führte, die Bretter endeten in der Luft. Hilflos legte sie sich auf den Bauch. Jetzt kam sie weder vor- noch rückwärts, so empfand sie. Da hörte sie hinter sich ein Kind klagen und rufen, und dieses Kind war sie selbst in ihren jungen Jahren.

> Dieses Kind wollte auch über den Fluss hinüberkommen, aber wusste nicht, wie. Da streckte die erwachsene Träumerin die Hände nach hinten und spürte, wie die Hände des Kindes die ihren ergriffen, und mit dem Kind auf dem Arm wagte sie den Sprung hinüber ans andere Ufer.»[12]

Dass die Träumerin eine Brücke überqueren will, die nicht bis zum anderen Ufer führt, oder dass sie eine Leiter hinunter steigen will, deren Sprossen plötzlich zu Ende sind, ist ein typisches Motiv in Angstträumen, in der ein bisher gegangener Weg nicht mehr weiterführt. Die träumende Elin Wägner erkennt deutlich die drohende Gefahr, der Sturz in den brausenden Fluss unter ihr würde wohl den Tod bedeuten. Der Abgrund, dieses in Träumen immer wieder auftretende Bild, erscheint nicht am Schluss der Handlung, der Sturz führt nicht ins Erwachen, sondern die Träumerin ist während des Traumes diesem Bild einige Zeit ausgesetzt. Sie blickt in den Abgrund, ohne zu stürzen. Sie muss dieses Erlebnis ertragen, während sie hilflos auf den letzten Brettern liegt. Die «unsichere Anordnung» der dünnen Bretter, die im Winde schwanken, das Fehlen eines Geländers hatten diese Situation vorbereitet. Die Traumhandlung zeigt also eine beständige Steigerung auf den dramatischen Höhepunkt hin. Im Kontrast zu dieser Stimmung steht das Bewusstsein der Träumerin, dass sie den Fluss um jeden Preis überqueren muss. Weshalb, wird nicht gesagt und war vermutlich auch während des Traumes nicht bewusst. Die Entschlossenheit zu tun, was notwendig ist, auch wenn die Brücke nicht zum Betreten einlud, ist die Vorbereitung auf den Entschluss, den Sprung zu wagen. Zunächst liegt sie hilflos auf den letzten Brettern, und erst das Erscheinen des Kindes führt zur Wendung der Handlung. Während des Traumes schon weiß Elin Wägner, wer das Kind ist. Sie erkennt es nicht durch den optischen Eindruck, sondern sie weiß es einfach. Das ist ein sprechendes Beispiel dafür, wie Gewissheiten aus der Tiefschlafwelt in den Traum hineinleuchten können. Offenbar war es der schwedischen Schriftstellerin wichtig, konkret und genau zu erzählen, wie sich die Hände des Kindes vertrauensvoll in ihre eigenen legten und wie sie dadurch den Mut zum Sprung fand.

Und das ist ja wohl der tiefere Sinn, die Botschaft des Traumes an die erwachende Elin Wägner: Knüpfe an den Ursprung deiner Existenz an, aktiviere das Kind, das Ursprüngliche und das vertrauensvoll Unmittelbare in deinem Wesen – dann kannst du den Sprung über den Abgrund zu einem neuen Abschnitt deiner Biografie wagen.

Ein Mädchen im Alter von siebzehn oder achtzehn Jahren ist schon seit ihrer Kindheit recht ängstlich, und heute noch wird ihr schwindelig, wenn sie die Mitte einer Trittleiter erreicht hat – was ihr recht peinlich ist. Ihr Berufswunsch ist es, Stewardess zu werden. Sie träumt:

Traum 26

> «Ich befinde mich auf dem Flugplatz. Eine Maschine landet gerade. Eine Treppe wird herausgerollt und an der Tür des Flugzeugs befestigt. Die Passagiere steigen aus, ich will einsteigen. Ich gleite mit der rechten Hand das Geländer der Treppe hinauf und setze meine Füße immer höher, Stufe um Stufe. Ich gehe langsam. Ein Wind erhebt sich und weht mir das Haar ins Gesicht, vor die Augen. Ich müsste

> schon längst oben sein. Aber ich fühle nur das Geländer und sehe die Stufen. Ich blicke hinter mich. Weit unter mir liegt der Flugplatz, tausend Meter unter mir. Ich gehe weiter. Die Treppe ist zu Ende, das Geländer hört auf. Ich taste nach der Tür des Flugzeugs, ich fasse etwas Feuchtes: eine Wolke. Das Flugzeug ist weg.»[13]

Die Handlung scheint zunächst ein einfacher Wunschtraum zu sein. Das Flugzeug, Ziel der Berufswünsche, landet, und die Träumerin braucht nur einzusteigen. Dass sie ohne Bedenken die Treppe emporsteigt und ohne Schwindelgefühl aus der Höhe von tausend Metern auf den Flugplatz hinunterblickt, ist nicht verwunderlich. Denn im Traum gelingt uns oft ohne Schwierigkeiten, was wir uns am Tage nie zutrauen würden. Die Treppe ist in diesem Fall nicht nur der Zugang zum Flugzeug und nicht nur das Mittel zur Überwindung des Schwindelgefühls im Traum, sondern sie besitzt einen tieferen, einen symbolischen Bildwert: Sie zeigt, dass viele Stufen zu überwinden sind, um den Berufswunsch zu verwirklichen. Auf diesem Wege schlägt der Träumerin der Wind ins Gesicht, und schließlich greift sie in eine Wolke. Der Berufswunsch erweist sich als ein Wolkenkuckucksheim. Wo sie hingreift, ist keine Realität, da sind nur wolkenhafte, nicht der Wirklichkeit entsprechende Wunschvorstellungen.

Im Ablauf des Traumes sind drei verschiedenartige Handlungen zu unterscheiden:

1. Die Bilder des landenden Flugzeugs, der herausgerollten Gangway, der aussteigenden Passagiere entsprechen der alltäglichen Wirklichkeit und sind durch Gedächtnisinhalte der Träumerin bestimmt.

2. An diese Bilderfolge knüpft unmittelbar an, was als Verbildlichung des Berufswunsches zu verstehen ist. Die Träumerin will einsteigen, das heißt ihr Ziel erreichen. Was sie im Leben noch nicht geschafft hat, soll im Traum vorweggenommen werden.
3. Das Flugzeug verschwindet, ehe die Träumerin es erreicht hat. Dieser dritte Handlungsteil knüpft nicht an den vorausgehenden an, wie das beim Übergang vom ersten zum zweiten Handlungsteil der Fall war, sondern widerspricht dem bisherigen Handlungsverlauf, negiert ihn. Er verlängert die Treppe, er schickt der Träumerin den Wind entgegen und schließlich die Wolke. Der dritte Handlungsteil ist also machtvoller als die beiden ersten. In ihm spricht sich nicht der Gedächtnisinhalt aus und nicht die Wunschvorstellungen des Mädchens, sondern eine tiefere Lebensweisheit oder Schicksalsweisheit, die am Tage nicht zum Bewusstsein kommt oder kommen darf, die offenbar aus der Welt des Tiefschlafs mitgebracht ist und während des Traumes korrigierend in die Wunschvorstellungen aus dem Tagesbewusstsein eingreift, aber dem Menschen freistellt, ob er die Botschaft des Traumes akzeptieren will.

Der Afrika-Forscher Laurens van der Post erzählt, dass er einmal mit einem spanischen Briefpartner ein Gespräch über die Buschmann-Kultur geführt habe. Man darf vermuten, dass es dabei auch um den Lieblingsgedanken van der Posts ging, die Seelenhaltung des Buschmanns sei, verdeckt oder verschüttet, noch in uns allen gegenwärtig und wir könnten Zugang zu ihr finden, wenn wir wieder ursprünglich und unmittelbar gegenüber der Natur würden. Nach diesem Gespräch hatte der Spanier einen Traum, den er für Laurens van der Post aufgeschrieben hat:

Traum 27

«Ich habe seit Jahren keinen Traum gehabt, aber in der letzten Nacht nach unserem Gespräch träumte ich, ich befände mich in einem großen zerstörten Gebäude, ähnlich einem verfallenen Schloss, das ich von früher her kannte. Irgendwo im Inneren weinte eine Frau herzzerreißend. Ich eilte von Raum zu Raum, von einem Flur zum anderen und viele Treppen hinab. Ich versuchte, sie zu finden, weil ich sie trösten wollte. Wohin ich auch kam, alles war leer. Dicker Staub lag auf den Fußböden, und Spinngewebe bedeckten die Wände. Ich zweifelte, sie jemals zu finden, obwohl mir ihr Weinen immer lauter und jämmerlicher in den Ohren klang. Plötzlich erschien einer Ihrer kleinen Buschmänner in einem Fenster. Er winkte eifrig mit seinem Bogen und gab mir zu verstehen, er wolle mich zu der Frau führen. Ich machte mich auf, um ihm zu folgen, aber da vernahm ich ein Knurren hinter mir. Zu meinem Entsetzen stürzte einer der schärfsten Wolfshunde, die ich jede Nacht als Wachhunde auf meinem Grundstück frei umherlaufen lasse, hervor und schoss geradewegs auf den Buschmann zu. Ich wollte den Hund zurückrufen, brachte aber keinen Ton hervor. Bei dem Bemühen, meine Stimme wiederzufinden, wachte ich tief betrübt auf und konnte nicht mehr einschlafen. Ich war dann auch wirklich den ganzen Tag über völlig niedergeschlagen.»[14]

Der Träumer befindet sich in einem Gebäude, das ihm aus früherer Zeit bekannt ist. Das Haus erscheint in Kinderzeichnungen wie auch in der Mythologie oft als Bild des eigenen Leibes, hier ist es sicher allgemeiner zu verstehen als Bild der eigenen Persönlichkeit des Träumers – aber nicht in deren gegenwärtiger Verfassung, denn Staub und Spinngewebe zeigen, dass es schon lange nicht mehr bewohnt ist. Es ist verfallen. Der Träumer sieht sich in eine eigene frühere Entwicklungsstufe versetzt. Er hört eine Frau herzzerreißend weinen, die offenbar in dieses Haus gehört, in ihm zurückgeblieben ist, als sein früherer Bewohner es verlassen hat. Als der Träumer durch die Flure und über die Treppen geht, begegnet ihm der Buschmann, in dessen Gestalt der Inhalt des Gespräches vom Vortage nachklingt (sogar sein Bogen fehlt nicht), aber auffallend ist seine Funktion: Er verspricht, den Träumer zu der weinenden Frau zu bringen. Der Buschmann ist für den Träumer also nicht selbst der Repräsentant der früheren Lebensstufe, wie Laurens van der Post das immer wieder schildert, sondern er will den Träumer zu der eigenen verlassenen Seelenhaltung zurückführen. Sicher ist die weinende Frau nicht die Mutter des Träumers, sondern ein Teil der eigenen Persönlichkeit, ebenso wie das verlassene Haus und der Wolfshund, der plötzlich hervorstürzt. Dieser gehört nicht zum gestrigen Gespräch, das vergessene und verborgene Seelentiefen angerührt hatte, sondern er stammt aus dem Alltag des Träumers. Durch den scharfen Hund schirmt er sich in seinem Haus von der feindlichen Welt ab. Der Hund wacht über das Leben, das sein Herr führt, nachdem dieser das Traumschloss verlassen hatte (was einer gängigen Verwendung des Symbols Hund entspricht). Er duldet nicht, dass sein Herr die weinende Frau wiederfindet, und stürzt sich daher auf den Buschmann. Der Träumer will ihn zurückrufen, aber seine Stimme versagt. Er hat nicht die Kraft, den Menschen, der er heute ist, beiseite zu schieben, um zu den kindlichen Tiefen seines eigenen Wesens vorzudringen.

Daher ist es folgerichtig, dass der Wolfshund nahe und mit dramatischer Kraft auftritt, der Buschmann dagegen nur in einem Fenster erscheint und winkt, die Frau sogar völlig verborgen bleibt. Nach ihr sucht der Träumer vergeblich, der Klang ihrer Stimme kann offenbar den Weg nicht weisen, erst der Buschmann, in dem die Eindrücke des vorausgehenden Gesprächs nachklingen, verspricht diese Orientierung. Und gegen ihn wendet sich der Hund. Solange der Träumer nicht aus eigener Kraft in der Lage ist, den Weg zur Tiefe seiner Seele zu finden, helfen ihm auch nicht die Gedanken, die ihn während des vorausgegangenen Gesprächs sicher bewegt haben. Das Alltags-Ich ist stärker, und die weinende Frau bleibt unerreichbar. Aber immerhin hat das Gespräch bewirkt, dass der Mann, der lange nicht geträumt hat oder bei dem Träume lange nicht für die Erinnerung zugänglich waren, einen Blick in die Tiefe seiner Seele getan hat – in eine vorerst unerreichbare Tiefe. Deshalb lebte er den ganzen Tag über in gedrückter Stimmung.

Wunschträume können Mut und Kraft für den folgenden Tag geben, wie der Bericht eines elfjährigen Mädchens zeigt:

Traum 28

«Ich übte auf der Kunsteisbahn immer die Acht, brachte sie aber nie fertig und fiel oft hin. Ich war ganz traurig, dass ich den rechten Schwung nicht konnte, und bewunderte die Schlittschuhläufer, die das so leicht fertigbrachten. Eines

> Nachts lief ich im Traum die Achterfigur, und das ging so mühelos und elegant. Ich wachte überglücklich auf und eilte, sobald ich konnte, auf die Kunsteisbahn. Dort bewegte ich mich genau so, wie ich es im Traum gemacht hatte. Und da konnte ich es wirklich.»[15]

Was wir übend lernen, will überschlafen sein, um zur sicheren Fähigkeit zu werden. Die Elfjährige hat selbstverständlich nicht im Traum die Achterfigur auf der Eisbahn gelernt, sondern in dem vorausgehenden Üben. Um «mühelos und elegant» die Form laufen zu können, musste die Fähigkeit reifen, und es musste eine sichere innere Haltung entwickelt werden. Dass die Fähigkeit gereift ist im Üben und im «Überschlafen», das wird in der Nacht von dem Mädchen gespürt. Und der Traum verbildlicht, was im Tiefschlaf erfahren wurde. Deshalb «kann» sie im Traum die Achterfigur laufen, und nach dem Erwachen glaubt sie an sich selbst, sie überspielt durch ihre Sicherheit die bisherigen Misserfolge. Wie gut, dass sie sich an den Traum erinnern konnte!

IV. Wahrträume

Als noch Götter Träume schickten …

Im Altertum glaubten viele Menschen, dass Verstorbene in Träumen erscheinen und dem Hinterbliebenen eine Botschaft bringen können oder dass Götter den Menschen ermutigen, trösten und warnen können – wobei der Sinn des Traumes unmittelbar ausgesprochen oder in Bildern verschlüsselt werden kann.

Man wusste aber auch, dass es trügerische Träume gibt, dass Hoffnungen oder Sorgen aus dem Tagesleben dem Menschen von außen entgegentreten, die Gestalt eines ermutigenden oder warnenden Geistes annehmen können, ja dass sogar Götter den Menschen in die Irre führen, wenn dies den Absichten der Götter dient. So können Träume den Ehrgeiz oder das Misstrauen des Menschen anstacheln und ihn zu unbedachten Handlungen verleiten. Deshalb brauchte man Traumdeuter, die zunächst einmal unterschieden, ob der Traum wirklich eine Botschaft an den Menschen enthielt oder ob er nur aus dem Leibe aufgestiegen war, und die dann, wenn es sich um einen Wahrtraum handelte, dessen Bilder entschlüsselten.

Vor dreitausend Jahren erzählte der Dichter Homer zwei Träume der Königin Penelope. Ihr Mann Odysseus ist, nachdem die Griechen die Stadt Troja erobert haben, mit seinen Schiffen heimwärts gefahren, zehn Jahre hat der Kampf gedauert und zehn Jahre sind nun seit der Eroberung Trojas schon vergangen. Am Königshof hat sich eine große Schar von Freiern eingefunden, die um die Hand der Königin anhalten. Die aber bleibt dem vermissten König treu, ohne zu wissen, ob er noch lebt und ob er wieder auf den Thron zurückkehren wird. Da segelt ihr Sohn Telemach los, um nach dem Vater zu forschen. Aber die Freier wollen ihn abfangen und töten, ehe er in den Königspalast zurückkehrt. In Sorge um den Sohn ist die Königin eingeschlafen.

Traum 29

Da schuf die Göttin Athene, die dem klugen Odysseus sehr wohlgesonnen war, ein Traumbild, das der Schwester Penelopes glich, schickte es zur Insel Ithaka in die Schlafkammer Penelopes und ließ es zu der Schlafenden sprechen:
«Schläfst du, Penelopeia, du arme herzlich betrübte? Wahrlich, sie wollen es nicht, die seligen Götter des Himmels,
Dass du weinst und trauerst!
Denn wiederkehren zur Heimat
Soll dein Sohn; er hat sich mit nichts an den Göttern versündigt.»
Penelope, die erstaunt ist über die Erscheinung ihrer Schwester, nimmt die glückliche Botschaft noch nicht an, sondern spricht von ihren Sorgen um den Sohn. Da wird das Traumbild in seiner Botschaft konkreter:
Und die dunkle Gestalt der Schwester gab ihr zur Antwort:
«Sei getrost und entreiße dein Herz der bangen Verzweiflung!

> Eine solche Gefährtin begleitet ihn, deren Gesellschaft
> Andere Männer gewiss gern wünschten, die mächtige Göttin
> Pallas Athene, die sich, o Trauernde, deiner erbarmet!
> Diese sendet mich jetzt, damit ich dir solches verkünde.»
> Penelope fasst Vertrauen und fragt weiter:
> Ihr antwortete drauf die kluge Penelopeia:
> «Bist du der Göttinnen eine und hörtest die Stimme der Göttin;
> O so erzähle mir auch das Schicksal jenes Verfolgten!
> Lebt er noch irgendwo, das Licht der Sonne noch schauend,
> Oder ist er schon tot und in der Schatten Behausung?»
> Doch auf diese Frage erhält Penelope keine Antwort, sondern die Erscheinung löst sich auf. Penelope wacht mit frohem Herzen auf, weil sie ein so klares Traumbild gehabt hat.[16]

Es ist also eindeutig, wie Homer diesen Traum verstanden wissen will: Er ist die Botschaft der Göttin Athene, ganz persönlich an einen einzelnen Menschen gerichtet. Sie hat Mitleid mit der schwer geprüften Königin, die seit zwanzig Jahren auf die Rückkehr ihres Mannes wartet und sich nun auch um ihren Sohn sorgt. Aber Athene schickt nicht den Götterboten Hermes, und selbstverständlich ist es auch nicht Penelopes weit entfernt wohnende Schwester, die im Schlafgemach steht, sondern der Dichter sagt ausdrücklich, dass die Göttin ein Traumbild geschaffen hat, das Penelopes Schwester glich. Ein Traumbild, das sprechen kann, das nicht nur seine Botschaft ausrichtet, sondern auch auf die besorgte Frage der Königin antwortet, also in einer nicht vorhersehbaren Situation selbstständig und klug handelt, das aber einen begrenzten Auftrag hat, nämlich der Mutter mitzuteilen, dass ihr Sohn unter dem Schutz Athenes steht, dass ihm nichts zustoßen kann. Über das Schicksal des Odysseus kann oder will das Traumbild sich nicht äußern:

«Dieses kann ich dir nicht genau verkünden, ob jener
Tot sei oder noch lebe, und eitles Schwatzen ist unrecht.»

Nun, Penelope wäre statt der vielen Worte sicher mit einem einzigen Wort zufrieden gewesen, und das wäre nicht ein eitles Schwatzen gewesen – in der Not, die auf der Insel herrschte. Aber die Göttin will nicht, dass Penelope jetzt schon das Schicksal des Odysseus erfährt.

Wer oder was ist das Traumbild, im Sinne Homers? Penelope spricht es zunächst mit «Schwester» an, es ist also der Göttin gelungen, das Original überzeugend nachzubilden. Nach der zweiten Ansprache aber fragt die Königin:

«Bist du der Göttinnen eine und hörtest die
Stimme der Göttin ...»

Es ist also deutlich: Wer so spricht wie das Traumbild, ist nicht ein Mensch. Und Penelope wird gewusst haben, dass Götter in Menschengestalt erscheinen können, so überzeugend, dass Menschen und auch Götter sich täuschen lassen. Ist es also eine Göttin, die Penelope im Traum erscheint? Das Bild beantwortet die Frage nicht. Aber Penelope weiß, dass ihr Traumbild teilhat am Wissen der Götter. Das formuliert sie schon während des Traumes, und das bestätigt ihr freudiges

Herz nach dem Erwachen. Sie weiß, dass die gehörten Worte aus der Wahrheit gesprochen sind. Sie spürt, dass diese Worte eine Botschaft der Göttin Athene waren, was ja der Leser durch die einführenden Worte des Dichters schon wusste.

Der Bericht ist, im Sinne Homers, so zu verstehen, dass nicht Athene selbst im Traume der Penelope erschien, dass aber ein Teil ihres Wesens, ihr Wissen, sich zu einer Gestalt verdichtete, dass also die Königin von der Götterwelt umfangen war – und das auch während des Traumes gespürt hat. Deshalb hat sie Vertrauen zu den Worten. Da Götter die Zukunft kennen und bestimmen, nimmt Penelope die Worte über die Zukunft als Tatsache hin.

Wahrträume also kommen nicht aus der irdischen Welt, die dem Gesetz von Ursache und Wirkung unterworfen ist, sondern aus einer überzeitlichen Ebene, und deshalb ist es für Homer und seine Zeitgenossen nicht schwierig, an prophetische Träume zu glauben. Denn was für unseren Blick erst morgen eintritt, ist im Ratschluss der Götter ja heute schon Gegenwart. Der von Göttern Begnadete kann an diesem Wissen teilhaben.

Nach langen Irrfahrten ist Odysseus endlich in seine Heimat zurückgekehrt – unerkannt, da die Göttin Athene seine Erscheinung verändert hat. Als Bettler im Königspalast erlebt er das Leid und die Demütigung, die die Herrschaft der Freier mit sich gebracht hat. Auch seine Frau erkennt ihn nicht, aber offenbar hat sie Vertrauen zu dem Fremdling, denn sie erzählt ihm einen Traum:

Traum 30

«Zwanzig Gänse hab ich in meinem Hause, die fressen Weizen mit Wasser gemischt, und ich freue mich, wenn ich sie anseh.

Aber es kam ein großer und krummgeschnabelter Adler von dem Gebirg und brach den Gänsen die Hälse; getötet lagen sie all im Haus, und er flog in die heilige Luft auf.
Und ich begann zu weinen und schluchzt im Traume. Da kamen Ringsumher, mich zu trösten, der Stadt schönlockige Frauen;
Aber ich jammerte laut, dass der Adler die Gänse getötet. Plötzlich flog er zurück und saß auf dem Simse des Rauchfangs,
Wandte sich tröstend zu mir und sprach mit menschlicher Stimme:
Tochter des fernberühmten Ikarios, fröhlichen Mutes! Nicht ein Traum ist dieses, ein Göttergesicht, das dir Heil bringt. Jene Gänse sind Freier, und ich war eben ein Adler;
Aber jetzt bin ich, dein Gatte, wiedergekommen, Dass ich den Freiern allen ein schreckliches Ende bereite.
Also sprach der Adler. Der süße Schlummer verließ mich; Eilend sah ich im Hause nach meinen Gänsen, und alle Fraßen aus ihrem Troge den Weizen, so wie gewöhnlich.»[17]

Wie denn anders, so sagt der Bettler zur Königin, könne man den Traum deuten, als es Odysseus schon getan hat? Schon drohe den Freiern das Verderben. Doch Penelope zweifelt:

«Fremdling, es gibt doch dunkle und unerklärbare Träume, Und nicht alle verkünden der Menschen künftiges Schicksal.

Denn es sind, wie man sagt, zwo Pforten der luftigen Träume: Eine von Elfenbein, die andre von Horne gebauet. Welche nun aus der Pforte von Elfenbeine herausgehn,
Diese täuschen den Geist durch lügenhafte Verkündung;
Andere, die aus der Pforte von glattem Horne hervorgehn,
Deuten Wirklichkeit an, wenn sie den Menschen erscheinen.
Aber ich zweifle, ob dorther ein vorbedeutendes Traumbild
Zu mir kam. O wie herzlich erwünscht wär es mir und dem Sohne!»[18]

Wir sind vielleicht gewohnt zu sagen, dass Träume verschiedenen Ursprung haben, vielleicht auch, verschiedenen Regionen der Seele entstammen können. Penelope formuliert näher am träumenden Menschen: Es gibt zwei Pforten, durch die die Träume in die Seele eintreten können – sie sind also nicht Inhalte, die bereits in der Seele ruhten, sondern kommen aus einer überpersönlichen Welt, aus einer Seelenwelt oder dem Willen der Götter. Merkwürdig, dass die kostbarer erscheinende Pforte aus Elfenbein sich für die Trugbilder öffnet, während der Glanz des hellen Hornes, das dem Viehzüchtervolk so vertraut ist, die Wahrheit ausspricht, Bilder vermittelt, die in Erfüllung gehen werden. Penelope weiß das, aber sie kann nicht sicher unterscheiden, durch welche der beiden Pforten der Traum in ihre Seele eingetreten ist.

Wenn die Deutung des Traumes richtig ist – und daran lässt der Dichter keinen Zweifel –, so ist auffallend, dass Bild und Stimmung hier auseinander fallen. Gewiss, es ist nicht schwer, in den Gänsen, die sich am Weizen mästen, die Freier zu erkennen, die den Besitz des Odysseus verprassen. Aber Penelope weint im Traum über den Tod der Gänse. Wir sollten erwarten, dass sie eine verstandesmäßig nicht begründete Freude am Tod der Gänse und eine gewisse Sympathie für den Adler hat. Dann würden auch wir in der Traumdeutung vielleicht auf die Lösung kommen, die in den Worten des Adlers ausgesprochen wird.

Merkwürdig ist weiterhin, dass die Deutung des Traumes während des Traumes selbst erfolgt, sogar durch den Hauptakteur der Handlung, der damit also in zwei ganz unterschiedlichen Funktionen auftritt: als derjenige, der Unheil anrichtet und damit der Träumerin Schmerz zufügt, und dann als derjenige, der sein eigenes Handeln erklärt und den Schmerz Penelopes in Freude wandeln will.

Als Penelope erwacht, schaut sie in den Hof hinunter und sieht die Gänse am Trog. Es scheint also, als ob der Traum damit als Trugbild ausgewiesen sei. Aber dem widerspricht die Traumwirkung. Die Königin ist so berührt von der Aussage des Traumes, dass sie ihn dem Fremdling erzählt. Und sie will offenbar hören, was der Bettler dazu sagt – ohne zu ahnen, mit wem sie spricht. Die Nachwirkung des Traumbildes ist also stärker, als die Schilderung nach dem Erwachen es vermuten ließe. Und eben diese Nachwirkung ist für die heutige Traumdeutung wichtig.

Während bei Homer die Träume als Hilfe, als Trost und Ermunterung für einen Menschen in Not erscheinen, werden sie für Vergil, für den römischen Dichter im ersten vorchristlichen Jahrhundert, zu einer konkreten Aussage über die Zukunft, zu einem Wissen, das Aeneas, den Helden seines Epos, führt. Das ist umso bedeutender, als Vergil die Vorgeschichte der Gründung Roms erzählt. Denn hier geht es um das Selbstverständnis des Römers. Dass Aeneas überhaupt in die Landschaft Latium kam, dass er die auftretenden Schwierigkeiten meisterte, verdankt er nicht dem eigenen Entschluss, sondern seinen Träumen.

Aeneas ist ein trojanischer Königssohn. Er hat sich zum Schlaf gelegt, als nach zehnjähriger Belagerung das Heer der Griechen unverrichteter Dinge wieder abgesegelt ist. Doch haben die Griechen das hölzerne Pferd, wohl als ein Opfer für die Götter um günstigen Fahrtwind, zurückgelassen, das nun im Triumph in die Stadt Troja gezogen wird – in seinem Inneren zwölf griechische Helden, die bei Nacht die Stadttore von innen öffnen und das zurückgekehrte Griechenheer einlassen. Da erscheint dem Aeneas im Traum Hektor, den der Griechenkönig Achilleus im Kampf getötet, an seinen Kampfwagen gebunden und um die Stadt geschleift hat. Blutüberströmt und zerschunden steht er vor Aeneas und fordert ihn auf, zu fliehen und die Penaten, die Stadtgötter, mitzunehmen.[19]

Dem Aeneas gelingt, zusammen mit seinem Vater Anchises und einer großen Schar von Trojanern, die Flucht. Unterwegs stirbt der alte Anchises, und nach vielen Mühen landen die Trojaner auf Sizilien, wo sie eine neue Heimat zu finden hoffen. Da erscheint der verstorbene Anchises dem Aeneas im Traum und fordert ihn auf, mit den tüchtigsten Trojanern weiterzusegeln nach Hesperien, nach Italien, wie es heute genannt wird, woher Dardanos, der Ahnherr der Trojaner, stammt. Dort solle er eine Stadt gründen, der die Weltherrschaft vorbestimmt ist: Rom.[20] Aeneas folgt dem Auftrag und wird zunächst von den Bewohnern der Landschaft Latium freundlich aufgenommen. Aber die Göttin Juno, die den Trojanern nicht gut gesonnen ist, stachelt den Rutuler-Fürsten Turnus zum bewaffneten Widerstand auf. In dieser Bedrängnis erscheint der Flussgott Tiber dem Aeneas im Traume und rät ihm, sich mit dem Arkader-Fürsten Enander zu verbünden. Und er zeigt ihm auch, an welcher Stelle die neue Stadt zu gründen sei.[21]

Im ersten der Träume berichtet Hektor von dem, was im Augenblick gerade in Troja geschieht. Noch schlafen viele Bewohner der Stadt, und erstaunlicherweise fordert der große Kriegsheld Hektor den Aeneas nicht zum Widerstand auf, sondern zur Flucht. Er weiß wohl, dass die Stadt verloren ist, und es liegt ihm daran, dass nicht alle Trojaner den Tod finden, sondern dass die Tradition der Stadtkultur fortgesetzt wird, und deshalb müssen die Stadtgötter mitgenommen werden.

Als der verstorbene Vater Anchises auf Sizilien dem Aeneas im Traum erscheint, wird wiederum deutlich, dass er weiß, was im Augenblick mit den Trojanern geschieht, aber mehr als das: Er kennt deren Zukunft. Als die Flüchtlinge nach langer Seefahrt gelandet sind, müssen sie zufrieden sein, überhaupt eine neue Heimat zu finden. Sie sind müde und hören nicht gerne etwas von einer Weiterfahrt. Da wird ihnen die Weltherrschaft versprochen; jedenfalls denen, die tüchtig genug sind, das neue Abenteuer zu bestehen. Es gehörte wohl eine große Überzeugungskraft des Traumes dazu, sie zu bewegen, das Wagnis auf sich zu nehmen. Die Trojaner müssen fest daran glauben, dass der Verstorbene die Absichten der Götter kennt – denn wer anders kann dem künftigen Rom die Weltherrschaft vorherbestimmt haben? Von einem Zweifel des Aeneas, von einem Traumdeuter, der um Rat gefragt worden wäre, ist nicht die Rede. Es war für den Dichter Vergil also gar nicht zu bezweifeln, dass der Traum aus einem umfassenden Wissen um Gegenwart und Zukunft stammt. Und dass jedenfalls ein so bedeutender Verstorbener wie Anchises an diesem Wissen teilhat.

Im dritten Traum tritt nicht ein Verstorbener, sondern ein Gott auf, der Flussgott Tiber. Also derjenige, dem das Land gehört, in dem Rom errichtet werden soll, stellt sich auf die Seite der Trojaner, er will, dass diese hier siedeln. Im Sinne Vergils kennt der Gott ja selbstverständlich die künftige Bedeutung der Landschaft, und er sieht in Aeneas und dessen Begleitern diejenigen, die der Stadt zur Weltgeltung verhelfen werden. Und er weiß, an welcher Stelle die Stadt errichtet werden muss, damit das Leben der Natur und die Kultur der Menschen im Einklang miteinander stehen. Wer im Sinne der Götter handelt, braucht auch in einer bedrängten Lage nicht Sorge um die Zukunft zu haben. Rom ist von den Göttern gewollt!

Dass Menschen durch Traumbilder geführt werden, schildert auch das Matthäus-Evangelium.[22] Es ist ein Engel, der Joseph im Traum erscheint und ihm erklärt, dass der Heilige Geist bei der Empfängnis des Jesus-Kindes gewirkt habe und dass Joseph daher Maria als seine Frau zu sich nehmen dürfe. Auch den drei Königen gibt ein Engel im Traum die Weisung, nach der Anbetung nicht zu Herodes zurückzukehren. Ebenso fordert er Joseph zur Flucht nach Ägypten auf und später, nach dem Tod des Herodes, zur Rückkehr und schließlich zur Übersiedlung nach Galiläa.

Von Sokrates wird berichtet, dass er fest an Wahrträume geglaubt habe. Er war zum Tode verurteilt, und es war bestimmt, dass er am Tage, nach dem das athenische Schiff von der Insel Delos zurückgekehrt sei, den Giftbecher trinken solle. Da kommt morgens Kriton zu ihm ins Gefängnis und berichtet, das Schiff sei bereits gesichtet worden und werde heute im Hafen von Piräus erwartet. Nein, es werde erst morgen ankommen, entgegnet ihm Sokrates, denn ihm sei eine schöne Frau in weißem Gewand erschienen und habe ihm gesagt: «Sokrates, mögest du am dritten Tag in die schollige Phtia gelangen.» Der Satz ist ein leicht verändertes Zitat aus Homers Ilias. Phtia ist die Heimat des Achilleus, und die Anspielung meint wohl, Sokrates werde am dritten Tag in seine himmlische Heimat zurückkehren.[23]

Dass es sich um einen Wahrtraum handelt, dessen ist sich Sokrates beim Erwachen gewiss, ohne dass er dafür einen Grund angibt. Vielleicht hat er den himmlischen Ursprung des Traumes an dessen Bildern erkannt: Die schöne Frau im weißen Gewand ist nicht ein irdisches Wesen. Und ihre Worte verdienen Vertrauen, obwohl der Verstand ihnen widerspricht. Denn wenn das Schiff gestern am Kap Sounion bereits gesichtet war, ist mit seinem Eintreffen im Hafen heute zu rechnen, wie Kriton mit Recht sagt.

Eine merkwürdige Deutung eines Wahrtraumes berichtet Plutarch in seiner Lebensbeschreibung Alexanders des Großen (Kapitel 24): Während der langwierigen Belagerung der strategisch wichtigen Festung Tyros träumt Alexander, dass ein Satyr, also ein Naturgeist aus dem Gefolge des Gottes Dionysos, ihn neckt. Erst nach langer Jagd kann er ihn fangen. Die Traumdeuter gehen nicht auf die Handlung ein, sondern zerlegen das Wort Satyros in sa Tyros: Tyros wird dein sein.

Im zweiten nachchristlichen Jahrhundert hat der griechische Schriftsteller Artemidor eine ganze Sammlung von überlieferten Traumbildern niedergeschrieben und im Lexikonstil ihre Bedeutung erläutert. Damit kann jeder (der lesen kann) seine Träume selbst deuten, der Weg zum Dilettantismus ist geebnet.

Eine fundamentale Kritik an der bisherigen Traumdeutung

bringt das Alte Testament, das Buch Daniel. Während die Juden in der babylonischen Gefangenschaft sind, hat der König des Landes, Nebukadnezar, einen Traum. Er verlangt von den Traumdeutern an seinem Hofe, ihm diesen Traum zu erzählen und zu deuten. Wenn sie das nicht vermöchten, müssten sie sterben. Wie können sie deuten, was sie gar nicht kennen? Da erklärte sich Daniel bereit, die Aufgabe zu lösen.[24]

Traum 31

«‹Du, König, geschaut hast du, da ein mächtiges Bild – groß war jenes Bild und übermäßig sein Glanz – stand vor dir, und sein Anblick war furchtbar. Dieses Bild, sein Haupt war von feinem Gold, seine Brust und seine Arme von Silber, sein Bauch und seine Lenden von Erz, seine Schenkel von Eisen, seine Füße zum Teil von Eisen und zum Teil von Ton. Geschaut hast du, bis dass niedergehaun ward ein Stein, mit Händen nicht, und traf das Bild auf seine Füße von Eisen und Ton und zerschmetterte sie. So waren auf einmal auseinander geschmettert Eisen, Ton, Erz, Silber und Gold, und waren wie Spreu aus den Sommertennen, hinweg trug sie der Wind, nicht war allirgend eine Spur ihrer zu finden. Der Stein aber, der das Bild zerschmettert hatte, der wurde zu einem großen Berg und füllte alle Erde. Dies ist der Traum, und seine Deutung sprechen wir nun vor dem König aus. Du, König, König der Könige, dem der Gott des Himmels die Königschaft, das Besitztum, die Stärke und die Ehre geschenkt hat, und überall,

wo Menschensöhne wohnen, hat er das Getier des Feldes und den Vogel des Himmels dir in die Hand geschenkt und hat dich schalten lassen über sie alle, – du bist das Haupt von Gold. Hinter dir her aber wird ein andres Königtum erstehn, geringer als du, und ein andres, drittes Königtum, von Erz, das wird über all die Erde schalten. Ein viertes Königtum aber wird wie Eisen stark sein, alldieweil das Eisen alles zerschmettert und malmt es, und dem Eisen gleich, das alles zerschellt, wird's alle jene zerschmettern und zerschellen. Und dass du Füße und Zehen zum Teil von Töpferton und zum Teil von Eisen geschaut hast: ein gespaltenes Königtum wird das sein, und von der Festigkeit des Eisens wird sein an ihm, alldieweil du Eisen mit lehmigem Ton vermischt geschaut hast. Und die Zehen der Füße zum Teil von Eisen und zum Teil von Ton: von einem Ende aus wird das Königtum stark sein, und in einem Teil wird's gebrechlich sein. Dass du das Eisen mit lehmigem Ton vermischt schautest: sie werden sich durch Menschensamen mischen, aber haften werden sie nicht das an dem, so wie sich Eisen mit Ton nicht vermischt.
In den Tagen jener Könige aber aufrichten wird der Gott des Himmels ein Königreich, das in Weltzeit nicht zerstört wird und das Königtum wird einem anderen Volk nicht zufallen: das wird all jene Königreiche zerschmettern und vernichten, es aber wird in Weltzeit bestehn,

alldieweil du geschaut hast, wie vom Berg ein Stein niedergehaun ward, mit Händen nicht, und er zerschmetterte Eisen, Erz, Ton, Silber und Gold. Ein großer Gott hat dem Könige kundgetan, was nach diesem geschehn wird, gewiss ist der Traum und getreu ist die Deutung.› Nun fiel der König Nebukadnezar auf sein Antlitz, er verneigte sich vor Daniel und sprach, man solle ihm Spende und Wohlgerüche darbringen.»

Dieser oft zitierte Traum spricht seine Wahrheit nicht unmittelbar aus, wie das bei Homer und Vergil der Fall ist. Seine Sinnbilder zu deuten, wäre eine angemessene Aufgabe für die Traumkundigen des Altertums gewesen – wenn sie den Traum gekannt hätten. Doch, so sagt Daniel, nur Gott könne den Inhalt des Traumes offenbaren und deuten. Und wir müssen wohl zugeben, mit den Mitteln der heutigen Traumdeutung hätten wir jede Aussage über den spärlichen Bericht abgelehnt oder jedenfalls nicht so gedeutet, wie das Buch Daniel es tut.

Denn für Daniel ist nicht die Stimmung des Traumes maßgebend, nicht der Verlauf der Handlung und nicht der mythische Gehalt der einzelnen Bilder. Sondern er bezieht die Aussage des Traumes auf ein Ereignis, das erst künftig, nach Jahrhunderten, eintreten wird, auf das Erscheinen des Messias. Die Geschichte zielt für ihn auf diesen fernen Punkt hin, und der Traum ist dessen Vorherverkündigung. Nur wer diese Prophetie kennt, kann so sprechen, wie Daniel es tut. In anderer Hinsicht jedoch spricht Daniel wohl genauso wie die Traumdeuter seiner Zeit: Er nennt die Deutung, ohne sie Schritt um Schritt dem Verständnis des Königs näher zu bringen, während der heutige Traumdeuter, vor allem in der Therapie, den größten Wert darauf legen muss, dass der Klient die Deutung akzeptieren kann. Aber Nebukadnezar ist überwältigt von dem Wissen Daniels, und er fällt vor ihm nieder.

Auch Jeremias und Salomo äußern sich skeptisch gegenüber der Berufung auf Träume, während Moses aus der Frühzeit des israelischen Volkes von den beiden Träumen Josephs erzählt, die dessen künftige Führerstellung ankündigen. Auffallend ist, dass diese Träume von seinem Vater und von seinen Brüdern fraglos als göttliche Offenbarung anerkannt und ohne Traumdeuter verstanden werden. Erst für eine ferne Zukunft verheißt der Prophet Joel den Gläubigen wieder «erleuchtete Träume».[25]

Im Altertum wurden nicht nur Träume gedeutet, die unerwartet aufgetreten waren, sondern Menschen bereiteten sich auch auf Träume vor, die bestimmte Fragen beantworten sollten. Das geschah vor allem in den Heiligtümern des Gottes Asklepios, in Griechenland wie auch in Rom. Die Hilfesuchenden hatten sich zunächst, vielleicht durch mehrere Tage, seelisch zu reinigen, ehe sie sich still im Tempel niederlegten und hofften, im Traum ein Heilmittel für ihre Krankheit zu erfahren. Die Botschaft des Gottes wurde, so weit wir wissen, meistens unverschlüsselt gegeben, sodass ohne einen Traumdeuter die Medizin zubereitet werden konnte. Es wird auch von vielen Spontanheilungen berichtet. Die Menschen träumten, sie seien gesund, und das waren sie denn auch nach dem Erwachen.

Dass auch in christlicher Zeit noch Menschen im Traum etwas über ihre Krankheit und deren Heilung zu erfahren suchten, berichtet der byzantinische Kirchenhistoriker Sozomenos in der ersten Hälfte des fünften Jahrhunderts, als er über das

Michaelion bei Konstantinopel spricht.[26] Die Praxis des Tempelschlafs wurde von vielen Christen in der Hauptstadt kritisiert, doch von dem Patriarchen Johannes Chrysostomos, dem bedeutendsten Lehrer der Ostkirche, verteidigt: «Viele Menschen sind aufgebracht, weil einige Gläubige in dem Heiligtum den Tempelschlaf pflegen, als ob dies nicht erlaubt sei. Aber zu Unrecht. Nicht der geringste Schade entsteht daraus.»[27]

Träumen von dem, was im Tiefschlaf geschehen ist

Die Träume der Königin Penelope und des Königssohns Aeneas könnten so verstanden werden, dass die beiden während des Traumes die Begegnungen hatten, von denen berichtet wird. Wunschträume, die beim Erwachen in Erfüllung gehen (etwa der Traum 28) oder die Spontanheilungen in den Heiligtümern des Asklepios legen eher den Gedanken nahe, dass die eigentliche Begegnung während des vorausgehenden Tiefschlafs stattgefunden hat, dass sie sich im Traum nur spiegelt und dann auch in die Erinnerung des Tagesbewusstseins herübergerettet werden kann. Der Gewinn der Nacht besteht darin, dass im Abstand zum Tagesleben, in der Selbstvergessenheit des Tiefschlafs die Haltung des Menschen sich gewandelt hat, weshalb er auch der Situation des Tages dann besser gewachsen ist.

Wie diese Wandlung sich vollzogen hat, kann nicht erinnert werden, wir nehmen nur ihr Ergebnis beim Erwachen wahr. Es sei denn, die Vorgänge des Tiefschlafs spiegeln sich im Traum, wie das der Schweizer Dichter Conrad Ferdinand Meyer erlebt und in seinem Gedicht «Die Lautenstimmer» dargestellt hat.

Traum 32

Schlummernd jüngst in Waldesraum,
Hatt' ich einen hübschen Traum:
Etwas regt sich in der Hecke,
Etwas klimpert im Verstecke.
Das Gesträuch mit leiser Hand
Teilt' ich, bis das Nest ich fand:
Kinder, rings im Grase sitzend,
Mit den hellen Augen blitzend!
Rutschend auf dem nackten Knie,
Stimmten eine Laute sie –
«Sagt, was lagert ihr im Runde?
Sprecht, was schaffet ihr im Bunde?»
Auf das zarte Werk erpicht,
Hörten sie die Frage nicht.
«Seht, wie ist sie zugerichtet!
Wundgerissen, fast vernichtet!»
Emsig ward geklopft, gespäht,
An den Saiten flink gedreht,
Ließen eine tiefer klingen,
Ließen eine hohe springen –
Endlich klang die Laute rein
Und die Kinder spielten fein,
Bis ich aus dem Traum erwachte
Und mir seinen Sinn bedachte:
Dumpf entschlummert, jetzo hell,
Ganz ein anderer Gesell!
Was die Kinder ohne Fehle
Stimmten, es war meine Seele!

In der schlichten Schilderung der Handlung meinen wir die Bilder beim Lesen handgreiflich vor uns zu haben. Die ersten sechs Zeilen sind wie eine Art Vorspiel, der Dichter hört das Klimpern, dessen Ursprung noch ungeklärt ist. Er teilt das Gesträuch, der Vorhang vor dem Geheimnis wird beiseite geschoben. Als er die Kinder sieht, will er ein Gespräch mit ihnen beginnen, sich also in die Traumhandlung eingliedern, aber die Kinder sind so in ihr Werk vertieft, dass sie die Frage nicht hören. Sie sind nicht nur mit den Händen tätig, sie sprechen auch. Ihre Worte sind von einem intensiven Gefühl, von Mitleid getragen. Und sie sind Könner auf ihrem Gebiet, denn die Laute klingt schließlich rein. Damit erhält die Traumhandlung eine neue Richtung. Nach dem Stimmen spielen die Kinder eine feine Melodie, aus der heraus der Dichter erwacht. Er bemerkt eine Veränderung an sich selbst, er ist «hell», nachdem er «dumpf entschlummert» war. Er ist «ganz ein anderer Gesell». Und Conrad Ferdinand Meyer versteht, dass eben dies im Schlaf geschehen und im Traum verbildlicht ist. Die «zugerichtete, wundgerissene, fast vernichtete» Seele ist wieder gestimmt, wieder brauchbar für den Tag.

Hinter der Bilderfolge des Gedichtes verbirgt sich eine ungewohnte und tiefe Aussage über die Bedeutung des Schlafes. Conrad Ferdinand Meyer unterscheidet in ihm zwei Phasen. Erstens werden die Erfahrungen des Vortages aufgearbeitet, das Instrument der Seele wird gestimmt. Zweitens kann die Seele in den Melodien der Tiefschlafwelt leben, die nicht ein Nachklang des Tageslebens sind, sondern neue Motive für das Leben bringen. Somit stimmt nicht das Instrument sich selbst, sondern das tun die Kinder mit den hellen, blitzenden Augen.

Weniger dichterisch formuliert: Zur Regeneration der Seele durch den Schlaf gehören zwei Vorgänge. Die Selbstentfremdung des Menschen durch Stress und Sorgen des Alltags muss aufgehoben werden, und der Mensch muss eine Zeitlang in der selbstvergessenen Hingabe an die Tiefschlafwelt leben können. Wie lange die erste Phase dauert, wird davon abhängen, wie sehr er beim Einschlafen mit sich selbst uneins, wie «wundgerissen» er war. Wie gut wir schlafen, ist ja nicht von der Schlafdauer abhängig, auch nicht von der Schlaftiefe im gewohnten Wortsinn – sonst müsste ein langer Schlaf nach reichlichem Alkoholgenuss der beste sein. Sondern wir wissen aus Erfahrung, dass wir manchmal nach kurzem Schlaf erfrischt sind oder nach neun Stunden wie «gerädert» aufwachen. Die Erquickung im Schlaf beruht also im Sinne Conrad Ferdinand Meyers darauf, dass nicht nur das Instrument wieder gestimmt wurde, sondern dass wir in den Melodien der Schlafwelt gelebt haben.

Die heutige Schlafforschung sollte nicht nur die Ergebnisse von Experimenten berücksichtigen, sondern auch die Aussagen von Dichtern, wenn sie dem Leben abgelauscht sind. Und das scheint bei Conrad Ferdinand Meyer der Fall zu sein. Seine Schilderung gibt zugleich die Möglichkeit, das antike Traumverständnis neu zu würdigen. Damals hat man davon gesprochen, dass Götter oder Verstorbene in Träumen erscheinen und dem Schlafenden Botschaften bringen. Der Schweizer Dichter schildert nicht in diesem Sinne eine Begegnung, sondern eine Wandlung seiner selbst durch eine Einwirkung von außen her. Dabei ist interessant, dass die Seele des Schlafenden, die Laute, in der Einzahl auftritt, während die Kinder in der Mehrzahl erscheinen. Es ist eine vielfältige, umfassende Welt, in die der schlafende Mensch aufgenommen ist und die sein Seelenleben regeneriert. Während Götter im Traum ermutigen oder trösten, ist hier eine allgemeinere Wirkung des Schlafes beschrieben. Aber diese Schilderung rückt uns das antike Schlafverständnis wieder näher.

Der Verlauf des Schlafes kann auch in ganz andersartigen Bildern erlebt werden, wie das der Traum einer jüngeren Dame zeigt.

TRAUM 33

Aus einem Raumschiff sah ich auf die Erde hinunter. Diese teilte sich, sodass die materielle und die Luftgestalt der Erde (mit denselben Einzelheiten) nebeneinander waren. Die materielle Erde drehte sich wie im Fieberwahn, obgleich ich immer auf den selben Kontinent blickte. Als ich die Erde sich teilen sah, erfasste mich Panik, da ich mich meiner Möglichkeit, zur Erde zurückzukehren, beraubt sah. Sollte ich nun für immer heimatlos durchs Weltall irren? Ich schrie wie am Spieß. Ich war aber nicht allein. Drei außerirdische Wesen standen bei mir, rechts und links und einer hinter meiner rechten Schulter. Diese versuchten mich zu beruhigen und sagten, ich solle ganz unbesorgt sein, der Erde könne nichts passieren. Ich war aber weiterhin von Entsetzen wie gelähmt und starrte fassungslos auf die Erde. Da sagten die drei zu mir: «Komm, wir zeigen dir mal, wo wir wohnen.» Noch ganz benommen setzte ich mich in eine Ecke, und die drei entschwanden meinem Gesichtskreis, um das Fluggerät zu fahren. Ich wusste genau, wo es hinging: zum fernsten Planeten unseres Sonnensystems, der bei den Wesen Merkur hieß.

Dieses Paradoxon beschäftigte mich: Wie konnte der Merkur der fernste Planet sein? Gleichzeitig war ich sehr niedergeschlagen, denn egal ob es Merkur oder Pluto waren, für mich als Menschen herrschten dort tödliche Lebensbedingungen. Ich sah also dem drohenden Tod entgegen und dachte immer: Die wissen gar nicht, dass ich dort nicht leben kann. Ich mochte aber nichts sagen, da ich deutlich fühlte, dass die Wesen mir eine Freude machen wollten. Ich wollte ihnen diese Freude nicht nehmen und sie beunruhigen, war aber sehr bedrückt von den trüben Aussichten, die ich mir von der Reise ausmalte. Nach einer Weile kamen wir am Heimatort der Wesen an. Wir kletterten aus dem Flugobjekt und wurden von einer Schar Wesen freundlich willkommen geheißen wie alte Bekannte. Gleichzeitig hatte ich wahrgenommen, dass der Planet völlig anders war, als ich mir das vorgestellt hatte. Keines der Extreme traf zu, weder war alles verbrannt noch fand ich eine Eiswüste. Es herrschte eine so angenehme und leichte Wärme, dass man sie gar nicht empfand, sondern sich einfach wohlfühlte. Körperliches und geistiges Empfinden waren eins. Das Besondere war auch, dass alles golden war: die Luft, das Licht, die Gegenstände, die Menschen. Alles war von Gold durchdrungen und durchstrahlt. Und obwohl alles golden war, war doch jede Einzelheit auszumachen. Licht und Luft waren eins. Das Licht kam überall her, auch aus den Menschen.

Diese waren sehr diskret, zogen sich zurück und belästigten uns Neuankömmlinge nicht mit Neugierde. Sie standen bald in heiteren Gruppen und unterhielten sich, während ich mich umsah. Ich kam einfach nicht darüber hinweg, dass alles ganz anders war, als ich es mir vorgestellt hatte. Als ich dies meinem Begleiter ins Ohr flüsterte, traten einige herzu und erklärten mir zunächst physikalisch, warum sich alles so verhielt. Ich sah alles ein. Dann belehrte mich aber der Sprecher noch darüber, dass bei ihnen alle Dinge einen anderen Namen hätten, und selbst wenn sie dasselbe Wort gebrauchten, hätte dies einen völlig anderen Sinn als bei uns auf der Erde. Ich schaute noch ein bisschen um mich. Mir war klar, dass mancher in dieser harmonischen Welt zu bleiben wünschte. Ich war mir auch völlig sicher, dass mir die freundlichen Wesen einen Platz in ihrer Mitte einräumen würden, wenn ich das wünschte. Trotzdem kam das keinen Augenblick für mich in Frage, weil ich in meinem Herzen immer das Gefühl hatte, nicht hierher zu gehören. Da ich nun das Prinzip der anderen Welt erkannt hatte, hielt ich es nicht für sinnvoll, mich noch länger dort aufzuhalten. Ich wusste nun, was ich wissen musste. Darum äußerte ich den Wunsch, zur Erde zurückzukehren. Die Wesen schienen erstaunt, dass ich so schnell wieder fort wollte, sagten aber nichts. Sie begleiteten mich zur Rakete, ich stieg ein, und mein Traum war zu Ende.

Ein zentrales Motiv ist den beiden Träumen gemeinsam: die Freundlichkeit und Harmonie, in die der schlafende Mensch eintritt. Sie kommt das eine Mal in den Klängen der Melodie zum Ausdruck, das andere Mal mehr optisch. Licht, Luft und alle Gegenstände auf dem «Merkur» sind von Gold durchdrungen. Conrad Ferdinand Meyer erwacht aus den schönen Melodien, unsere Dame kehrt zur Erde zurück, als sie erfahren hat, was sie über den Planeten wissen wollte. Das Leben außerhalb des Leibes kommt zur Reife und damit zum Abschluss.

Während im Traum Conrad Ferdinand Meyers die Laute, die Kinder und der Träumer am gleichen Ort bleiben, wird im letzten Traum eine Weltraumfahrt angetreten. Jedenfalls soweit der Traum erinnert werden konnte, beginnt die Reise bereits in einiger Entfernung von der Erde. Die Träumerin blickt zurück und sieht, wie die Erde sich teilt. Es ist nicht anzunehmen, dass hier Vorstellungen über ein Auseinanderbrechen der Erde aus dem Tagesbewusstsein nachwirken, sondern wohl eher, dass die Erde hier für die eigene Persönlichkeit der Träumerin steht. Eine «materielle» und eine «Luftgestalt» werden unterschieden. Beide sind einander sehr ähnlich, sie müssten eine Einheit bilden und taten dies auch während des Wachbewusstseins. Was unter der Führung des Ich zusammenwirkte, tritt im Schlaf auseinander. Noch schlimmer: Der Leib entwickelt ein Eigenleben, was im Traum als eine starke chaotische Bewegung «wie im Fieberwahn» erscheint. Die Träumerin reagiert mit Panik. Was in anderen Fällen wie ein Abgrund erlebt wird, der Angst auslöst und in den Leib zurückschockt (wie dies im ersten Kapitel dargestellt worden ist), erscheint hier als Verlust: Der Leib (die Erde) wird fremd, und die Träumerin fürchtet, nicht wieder zurückkehren zu können, «für immer heimatlos durchs Weltall zu irren». Sie schreit.

Nun greift die andere Welt ein: Drei außerirdische Wesen versuchen, die Träumerin zu beruhigen. Sie werden genau lokalisiert, wie in diesem Traum überhaupt ein körperzentriertes Raumempfinden erhalten bleibt, auch auf dem «Merkur». Ebenso bleiben manche Vorstellungen aus dem Wachbewusstsein erhalten: Die Träumerin weiß, dass sie unter den erdenfernen Bedingungen nicht leben kann, sie weiß, dass der Merkur nicht der erdenfernste Planet ist, und der Weg in den Kosmos wird nicht mit Flügeln angetreten, sondern in einem Raumschiff. Diese leibnahe Erlebnisweise ist erstaunlich, denn häufig schweben wir im Traum, nur von den Armen getragen, über einer sonnenbeschienenen Landschaft, und der russische Philosoph Wladimir Solowjef korrigierte im Traum seine physikalischen Vorstellungen und ließ sich davon überzeugen, dass ein Schiff in wenigen Stunden von St. Petersburg nach Brasilien fährt (Traum 9). In unserem Traum 33 ist also zu erkennen, dass die durch das Ich geschaffene Gedankenordnung im Konzept der Traumhandlung bestimmend nachwirkt, auch wenn das Ich nicht mehr die Führung des Seelenlebens in der Hand hat.

Dass die außerirdischen Wesen beruhigend wirken, dürfen wir von ihnen erwarten. Aber der Einladung steht ja das Wissen der Träumerin entgegen, dass sie unter den kosmischen Bedingungen nicht würde leben können. Das könnte sie doch geltend machen. Aber das Traumkonzept bietet eine gefühlsbetontere Lösung an. Die Träumerin möchte diese Wesen nicht enttäuschen – obwohl es doch um Leben und Tod geht. Entscheidend für diese Wendung der Traumhandlung ist offenbar, dass die Güte der Merkurbewohner Vertrauen weckt. Die Träumerin war nicht, wie das oft der Fall ist, der Traumhandlung ausgeliefert, sondern sie behielt einen

Entscheidungsraum, und den benutzte sie, um die Heimat der Außerirdischen kennen zu lernen. Wenn man schon so nett eingeladen wird …

Die zentrale Aussage des Traumes liegt wohl in der Schilderung der Verhältnisse auf dem Merkur. Es herrscht eine angenehme und leichte Wärme, in der sich die Träumerin einfach wohlfühlt. Anders gesagt: Sie ist mit sich selbst einig. Conrad Ferdinand Meyer würde hier schöne Melodien hören. Die Einheit von «körperlichem und geistigem Empfinden» wird besonders betont. Alles ist von Gold durchstrahlt. Es ist auffallend, wie selbstverständlich sich die Träumerin in die Verhältnisse einleben kann, obwohl diese ganz anders sind als auf der Erde. Ihr wird sogar physikalisch erklärt, warum sich hier alles anders verhält. Die Sprache der Merkurbewohner ist eine andere, und doch scheint es keine Verständigungsschwierigkeiten zu geben.

So schön der Aufenthalt auf dem Merkur auch war, die Träumerin empfand, dass sie zur Erde gehörte, und kehrte dorthin zurück. Die Möglichkeit, der Erde zu entfliehen, wirkte also nicht verlockend. Im Rückblick auf den Traum, so sagte sie im Gespräch, habe sie sich noch gefragt, ob die Merkurbewohner über ihre rasche Rückkehr zur Erde wohl enttäuscht gewesen seien und ob sie wohl etwas, was sie für das Leben hätte brauchen können, nicht mehr erfahren habe. Offenbar also wurde die Welt, die im Traum sich spiegelte, als Quell der Kraft oder der Weisheit für das Leben am Tage empfunden.

Am Abend haben wir uns mit einem Problem beschäftigt und keinen Weg zur Lösung gesehen. Am Morgen wachen wir auf, und wie selbstverständlich steht die Lösung vor uns. Erfahrungen dieser Art können immer wieder gemacht werden, jedenfalls nach einem guten Schlaf. Das ist ja nur möglich, wenn wir auch nachts, also im Tiefschlaf, im Thema des Tages weitergelebt haben, offenbar nur auf andere Art. Betrachtet man die Situation genauer, so fällt rückblickend oft auf, dass wir uns in eine bestimmte Gedankenrichtung «verrannt» hatten, dass wir «ein Brett vor dem Kopf» hatten, also nicht die freie Aussicht auf die Lösung, die ja eigentlich in einer klaren Problemstellung schon darin liegt. Tiefschlafend stehen wir also nicht einem Problem gegenüber, sondern wir leben selbstvergessen in ihm und damit auch in der Lösung. Wenn es gelingt, diese freie Seelenhaltung in den Traum und dann in das folgende Wachbewusstsein hinüberzubringen, kann uns die Lösung mühelos «einfallen». So schreibt ein dreizehnjähriger Schüler, der am Nachmittag und Abend vergeblich versucht hatte, eine geometrische Hausaufgabe zu lösen:

Traum 34

«Ich schlief unruhig, weil mich die Materie selbst jetzt noch im Traume beschäftigte, bis ich endlich ganz deutlich vor mir eine Figur konstruierte, indem ich zu jedem Dreieck nach außen hin die Parallelen der Quadratseiten zog und so drei neue Parallelogramme erhielt, in denen die nach der Aufgabe zu ziehende Verbindungslinie eine Diagonale bildete. Nun zog

> ich weiter – alles im Traume – noch die andere Diagonale, und der Beweis lag mit Hilfe eines kurz vorher gelernten Kongruenzsatzes klar auf der Hand. Ich weiß, wie ich nun beruhigt schlief. Als ich am Morgen geweckt wurde, stand sofort die ganze Zeichnung im Geiste wieder vor mir, ich sprang schnell auf und zeichnete sie noch vor dem Ankleiden in einem Zuge auf.»[28]

In diesem Fall kann sich der Träumer offensichtlich daran erinnern, wie im Schlaf die Lösung der Aufgabe Schritt um Schritt sich ergab, während meistens nur die fertige Lösung erinnert wird. Nach dem Aufwachen jedoch steht die fertige Lösung vor dem inneren Auge des Schülers, und da er rasch handelt, kann er die Zeichnung «in einem Zuge» ausführen.

Leider gelingt es nicht immer, dasjenige, was man aus dem Schlaf mitbringt, in das Tagesbewusstsein hinüberzuretten. Am Abend hatte ich mich mit dem Konzept eines geplanten Vortrags beschäftigt, ohne jedoch einen überzeugenden Zugriff auf das Thema zu finden. Am nächsten Morgen wachte ich glücklich auf mit dem Satz: Da ist ja der ganze Aufbau des Vortrags! Doch schon im nächsten Augenblick, als ich mir verdeutlichen wollte, was ich eben noch vor mir gehabt hatte, war alles verschwunden. Schade, es wäre wahrscheinlich ein guter Vortrag geworden.

Auch bedeutende Erfindungen und Entdeckungen können geträumt werden. So wird berichtet, dass Carl Friedrich Gauß seine Induktionsgesetze, August Kekulé seine Strukturtheorie und die Idee des Benzolrings, Niels Bohr sein Atommodell und Paul Ehrlich seine Seitenkettentheorie zuerst im Traum oder Tagtraum erschienen seien.[29] Wahrscheinlich sind viel mehr Erfindungen einem guten Schlaf zu verdanken, aber Wissenschaftler sind oft nicht geneigt, das zuzugeben. Wo würde dann ihr eigenes Verdienst liegen? Darin, dass nur derjenige ein Atommodell träumt, der am Tage sich intensiv und verständnisvoll mit dem Thema beschäftigt hat. Nur den Seinen gibt's der Herr im Schlaf.

Künstler sind eher geneigt, den Ursprung ihrer Werke in den Erlebnissen der Nacht zuzugeben. So berichtet der Komponist Guiseppe Tartini:

Traum 35

«Im Jahre 1713 träumte ich in einer Nacht, dass ich einen Pakt geschlossen hätte und der Teufel in meinen Diensten stand. Alles gelang mir nach Wunsch, alles, was ich begehrte, ging zum vornherein in Erfüllung, meine Wünsche wurden durch die Dienste meines neuen Bedienten stets übertroffen. Ich hatte den Einfall, ihm meine Geige zu geben, um mich zu überzeugen, ob er es fertigbringen würde, mir schöne Melodien vorzuspielen; aber wie groß war mein Erstaunen, als ich ihn eine so merkwürdige und so schöne Sonate mit solcher Meisterschaft und so viel Geist vortragen hörte, dass nichts, was ich geschaffen hatte, damit verglichen werden konnte. Ich war darüber so verwundert, entzückt und begeistert, dass mir der Atem verging. Ich erwachte durch diese heftige Erregung, nahm sofort meine Geige und hoffte, etwas von dem, was ich soeben gehört hatte, wiederzufinden; doch es war vergeblich. Das Stück, welches ich

> dann komponierte, ist in Wahrheit das beste, was ich je gemacht habe, und ich nannte es auch ‹Die Teufelssonate›; doch es blieb weit hinter dem zurück, was ich im Traum gehört hatte, sodass ich meine Geige zerbrochen und für immer der Musik entsagt haben würde, wenn ich imstande gewesen wäre, von ihr zu lassen.»[30]

Vielleicht hat der Komponist das Volksbuch vom Doktor Faust oder ein Werk mit ähnlichem Inhalt gelesen. Denn oft ist ein solches einführendes Motiv, wie hier die Dienste des Teufels, den Erlebnissen oder der Lektüre des Tageslebens entnommen. Dieses Motiv bereitet inhaltlich die Kernhandlung, das Geigenspiel des Teufels, vor, und es tut das auch stimmungshaft: Die Zufriedenheit mit den bisherigen Diensten wird gesteigert zum Entzücken über die noch nie gehörte Musik.

Schon im Traum und dann nach dem Erwachen weiß Tartini, dass er noch nie eine so schöne Musik gehört hat wie die vom Teufel gespielte Sonate. Doch als er die Geige zur Hand nimmt, kann er nur recht unvollkommen nachschaffen, was er eben gehört hat. Die Traumsonate muss also so deutlich nachklingen, dass der Komponist die beiden Stücke vergleichen kann. Und doch ist die Traumsonate nicht in ihren einzelnen Tönen greifbar. Im Schlaf also ist Tartini näher an dem, was er eigentlich komponieren will, er ist mehr im Einklang mit sich selbst. Daher die vielen glücklichen Einfälle kurz nach dem Aufwachen. «Morgenstund hat Gold im Mund» – außer bei Morgenmuffeln.

«Träume sind ein Gespräch mit dem wahren Selbst»

Als ein Gespräch mit dem wahren Selbst bezeichnet der Zen-Meister Muso im vierzehnten Jahrhundert die Träume.[31] Das gilt allerdings nur für Wahrträume, denn diese bringen Aussagen, die vielleicht allgemeingültig sind, zugleich aber einen konkreten Bezug zum Leben des träumenden Menschen haben, die ihn «meinen».

Traum 36

Ich gehe durch einen unterirdischen Gang, es ist still, der Gang ist schmal, aber nicht beengend. Schließlich komme ich in eine Grotte, in der ein riesiger Amethyst liegt, größer als ich selbst. Während ich ihn betrachte, beginnt er von innen her wunderbar zu leuchten, in einem reinen und warmen Glanz. Als ich aus dieser friedlichen Stimmung aufwache, denke ich: Die Erscheinungen der Welt enthalten mehr Licht, als ich bisher geglaubt habe. Und ich bin mir gewiss, dass der Traum genau das sagen wollte.

Der Traum enthält kaum eine Handlung, im Zentrum steht ein einziges Bild, das allerdings sehr sprechend ist, in einer inneren Bewegung, könnte man sagen. Der Glanz des Halbedelsteins beginnt sich erst zu entfalten, als ich ihn betrachte. Es ist also nicht etwas Gegebenes, was ich sehe, sondern erst zwischen mir und dem Amethyst entwickelt sich das, worauf es im Traume ankommt. Die Botschaft des Traumes müsste ich also genauer formulieren, als ich es nach dem Aufwachen getan habe: Die Erscheinungen der Welt haben einen tieferen Gehalt, als ich bisher geglaubt habe. Wenn ich still werde und sie sorgfältig betrachte, können sie viel aussprechen. Das gilt sicher ganz allgemein – aber diesen Traum hatte ich in einem ganz bestimmten Abschnitt meines Lebens. Er will mir offenbar zeigen, dass ich mich in meiner wissenschaftlichen Arbeit vom Denken in Prinzipien mehr der Beobachtung zuwenden sollte.

Die Botschaft des Traumes für das Leben ist nicht immer so schlicht und eindeutig. Sie kann sich in mythische oder religiöse Bilder kleiden, die erst verstanden werden wollen.

Traum 37

An einem Ostersonntag erwache ich mit folgendem Traum: Ich stehe in einer weiten offenen Säulenhalle, die im Renaissancestil erbaut ist. Auf den Stufen lagern drei Frauen, die mittlere von ihnen erscheint mir besonders wichtig, ihr wende ich mich innerlich zu. Es kommen manche Kranke und bitten die mittlere der Frauen um Heilung. Ich spüre, wie ein Lichtstrom von dieser Frau ausgeht und, als er die Kranken erreicht, diesen augenblicklich Heilung bringt. Die ganze Situation erscheint mir im Traum nicht wie ein aufsehenerregendes Wunder, sondern ganz friedvoll und natürlich. Nun wenden sich auch einige Kranke an die beiden anderen Frauen. Die sagen zu den Kranken: «Ehe wir euch heilen können, müsst ihr euch erst zu Christus bekennen.» Ich habe den Eindruck, dass in diesem Augenblick sich ein Schatten über die

Traumszene breitet, und ich höre die mittlere der Frauen sagen: «Da kann man nichts mehr machen.» Ich verstehe diese Worte so, dass durch die Forderung der beiden Frauen an die Kranken eine Härte aufgetreten ist, die den natürlichen Fluss der heilenden Kraft zum Versiegen bringt. Ich frage mich: Kann man wirklich nichts mehr machen? Weiche ich nicht einer Aufgabe mir selbst gegenüber aus, wenn ich die Schuld am Misslingen dem Versagen anderer Menschen zuschreibe? Mit dieser Frage, die mir während des Traumes der Situation besser gerecht zu werden scheint als die Bemerkung der mittleren Frau, distanziere ich mich ein wenig von der Traumhandlung, und diese verblasst.

Als ich, dieses Mal ohne Wecker, aufwache, fühle ich mich zunächst gut erfrischt und glücklich. Ich empfinde, dass ich eben einen für mich wichtigen Traum hatte, dessen Bilder aber erst allmählich wieder auftreten, als ob ich sie aus einer großen Tiefe hervorholen müsste.

Es ist sicher nicht Zufall, dass der Traum am Ostersonntag morgen auftritt. Die innere Einstellung auf das Fest legte Bilder nahe, die zentrale Motive des Christentums berühren. Aber die Bilder des Traumes sind wohl konkret nicht in den Erlebnissen oder in der Lektüre des Tages veranlagt. Die weite offene Säulenhalle im Renaissancestil weist sogleich auf eine Ebene oberhalb des Alltags hin, und in ihr vollzieht sich die Handlung, die zunächst in eine friedvolle Stimmung getaucht ist. Der Blick konzentriert sich wie selbstverständlich auf die mittlere der Frauen, von ihr geht dasjenige aus, was dem ersten Traumteil seinen inneren Gehalt gibt. In diesem ersten Traumteil spiegelt sich eine Welt, in der auf ganz natürliche Art geheilt wird, was im Erdenleben geschädigt wurde. Es ist die Welt, in der ohne Vorwurf und ohne Vorbedingung der Mensch wieder zum Frieden mit sich selbst kommt, die Tiefe des erquickenden Schlafes. Der Lichtstrom heilt jeden, der von ihm berührt wird. In dem Augenblick, in dem die beiden anderen Frauen angesprochen werden, wird diese hohe Ebene verlassen. Auch sie können heilen, aber nicht mehr allein durch ihre Gegenwart, sondern nur dann, wenn ihnen von den Leidenden etwas entgegenkommt. Jetzt kann die mittlere der Frauen nicht mehr wirken. Der Lichtstrom versiegt, und ein Schatten breitet sich über die Traumszene.

Während im ersten Teil der Handlung der Träumer völlig hingegeben war an die heilende Frau und ihr Vorgehen als ganz natürlich empfand, also auch stimmungsmäßig völlig einbezogen war in das Geschehen, tritt jetzt eine deutliche Distanz auf, die bereits die Nähe zum Aufwachen anzeigt. Ist die Resignation der mittleren Frau («Da kann man nichts mehr machen») berechtigt? Der Träumer vollzieht nicht mehr vorbehaltlos mit, was geschieht, sondern beginnt, Stellung zu nehmen. Und zugleich erlebt er das, was geschieht, auf sich selbst bezogen: Weiche ich nicht einer Aufgabe mir selbst gegenüber aus? Diese Frage geht ja nicht folgerichtig aus dem hervor, was die drei Frauen gesagt haben. Hier kündigt sich bereits im Traum an, was ja vor allem in das Traumverständnis nach dem Erwachen gehört, die Frage, was der Traum mir sagen will. In diesem Fall also vollzieht der Traum selbst schon die Wendung zum Nachdenken hin. Was hier formuliert ist, das ist die eigentliche Traumbotschaft: Du hast in deinem Leben einmal, oder mehrmals, gesagt, da könnte man nichts mehr machen, wenn die anderen versagen. War das recht? Muss sich der eigene gute Wille, verbildlicht in der mittleren Frau, resigniert vor Widerständen zurückziehen? Haben diese das letzte Wort gegenüber dem, was du als gute Kraft aus dem Tiefschlaf mitbringst? Vielleicht sind die beiden Frauen die anderen Menschen im Leben, wahrscheinlicher aber sind sie zu verstehen als die schwächeren Seiten der eigenen Persönlichkeit. Jedenfalls aber als eine Korrektur, die der tiefschlafende, der mit sich selbst einige Mensch dem tagwachen Menschen zukommen lassen will. Diese Worte gehören zum «Gespräch mit dem wahren Selbst».

Für Wahrträume ist charakteristisch, dass beim Aufwachen zunächst die Empfindung auftritt, einen wichtigen Traum gehabt zu haben, und dass erst dann die einzelnen Bilder wieder auftauchen, vielleicht wie aus einer großen Tiefe hervorgeholt werden müssen.

Wenn auch der Inhalt des Traumes ernst und tief ist, muss der Dramatiker der Traumhandlung nicht immer auf einen humorvollen Stil verzichten, wie der folgende Traum von Sophie Scholl zeigt:

Traum 38

«Ich ging spazieren mit Hans und Schurik. Ich ging in der Mitte und hatte bei beiden eingehakt. Halb ging ich im Schritt, halb hüpfte ich und ließ mich, von den beiden in die Höhe gehalten, ein Stück schwebend mitziehen. Da fing Hans an: ‹Ich weiß einen ganz einfachen Beweis für die Existenz und das Wirken Gottes auch in der Gegenwart. Die Menschen müssen doch so viel Luft haben zum Atmen und mit der Zeit müsste doch der ganze Himmel verschmutzt sein von dem verbrauchten Atem der Menschen. Aber, um den Menschen diese Nahrung für ihr Blut nicht ausgehen zu lassen, haucht Gott von Zeit zu Zeit einen Mund voll seines Atems in unsere Welt, und der durchsetzt die ganze verbrauchte Luft und erneuert sie. So macht er das.› Und da hob Hans sein Gesicht in den trüben, trüben Himmel. Er holte tief Atem und stieß die ganze Luft zu seinem Mund heraus. Die Säule seines hervorströmenden Atems war strahlend blau, sie wurde groß und größer und ging weit bis in den Himmel hinein, verdrängte die schmutzigen Wolken, und da war vor und über und um uns der reinste blaueste Himmel. Das war schön.»[32]

Wie die durch Menschen und Tiere verbrauchte Luft wieder mit Sauerstoff angereichert wird, hat Sophie Scholl sicher in der Schule gelernt. Man könnte über die originelle und lustige Idee des Traumes also hinweggehen. Um einen Wahrtraum kann es sich wohl nicht handeln? Vielleicht doch, wenn man die verbrauchte Luft sinnbildlich versteht. Liegt es nicht nahe, so zu deuten, dass mit der Luft die moralische Substanz der Erde gemeint ist, die – im Traum einer Widerstandskämpferin aus dem Jahre 1942 – als sehr verunreinigt erscheint? Wie kann je all die Schlechtigkeit wieder aufgelöst werden? Dadurch, dass Gott sie in sich hineinnimmt, in sich reinigt und eine Luft ausatmet, in der Menschen wieder leben können. Der Traum bleibt nicht bei diesem Gedanken stehen, sondern der Bruder zeigt praktisch, wie das geschieht, und tatsächlich verschwinden die schmutzigen Wolken, und ein klarer Himmel wölbt sich zum Schluss über den drei Traumpersonen. «Das war schön» ist die Stimmung, mit der der Traum schließt und die wohl auch in das Wachbewusstsein hinüberragt.

Die Aussage des Traumes ist allgemeingültig, aber sie kann auch als Antwort auf eine Frage verstanden werden, die gerade diesen Menschen bewegt haben mag.

Prophetische Träume

Im ersten Kapitel war bereits auf die Erfahrung hingewiesen worden, dass uns eine ungewohnte Situation während des Tages recht bekannt erscheint und dass wir uns dann an einen Traum erinnern, in dem sie bereits vorgekommen ist. Ist denn denkbar, dass wir etwas träumen, was noch gar nicht geschehen ist? Es ist ja wohl im allgemeinen nicht etwas völlig Neues, was in diesen Träumen auftritt, sondern etwas, was in der gegenwärtigen Lebenssituation bereits veranlagt ist – ob wir uns dessen bewusst sind oder nicht. Sodass also, streng genommen, gar nicht die Zukunft geträumt wird, sondern die gegenwärtig schon vorhandenen Tendenzen unseres Lebens und Schicksals. Das wird recht deutlich in einem Traum, den Friedrich Hebbel von seiner Frau Christine erzählt:

Traum 39

«Einen himmelschönen und doch grauenvollen Traum hat Tine gestern Nacht gehabt. Ihr wird von einer ihrer Kolleginnen am Hofburgtheater in einem hohen, gewölbten Zimmer ein Spiegel gezeigt, in welchem sie ihr ganzes Leben sehen

> könne. Sie schaut hinein und erblickt ihr eigenes Gesicht, erst tief-jugendlich, von Rosenlicht umflossen, so jugendlich unbestimmt, dass sie es erst bei der dritten oder vierten Verwandlung erkennt, dann ohne Rosenlicht, nun bleicher und immer bleicher, bis sie zuletzt mit Entsetzen ausruft ‹Nun kommt mein Geripp, das will ich nicht sehen› und sich abwendet. Der Spiegel war anfangs trübe, wie angelaufen, und wurde nach und nach heller, wie die Gesichter deutlicher wurden.»[33]

Für die Schauspielerin ist der Blick in den Spiegel ein recht alltägliches Bild. Doch hier handelt es sich um einen besonderen Spiegel, der nicht nur die augenblickliche Erscheinung zeigt, sondern das ganze Leben. Obwohl die Träumerin das weiß, erkennt sie im Spiegel anfangs noch nicht sich selbst, denn der Spiegel ist noch trübe, das Gesicht ist von Rosenlicht umflossen. Dann kommen die Bilder, die ihr vertraut sind, mit denen sie sich identifizieren kann. Tine ist nicht mehr ganz jung, und Schauspielerinnen sehen sich bekanntlich nicht gerne älter, als sie ohnehin schon sind. Das Gerippe wäre wohl im Spiegel nicht sogleich erschienen, aber eine Gestalt, die nicht mehr voll bühnenwirksam ist. Das ist nicht eine unergründliche Zukunft, sondern eine schon recht deutliche Tendenz in der Gegenwart. Der Traum oder dasjenige, was jetzt im Traume hätte kommen sollen, ist also durchaus prophetisch, aber es behandelt eine Zukunft, die schon begonnen hat.

Während des Tiefschlafs kann der Mensch nicht nur erfassen, was in ihm selbst vorgeht, sondern er kann auch erleben, was in der Natur um ihn herum geschieht. Ein deutliches

Beispiel dafür ist der Traum der damals fünfzehnjährigen Inderin Indira Devi, die später als Meditationslehrerin bekannt wurde. Sie träumt ein Erdbeben voraus, das sich während ihres Schlafes anbahnt:

TRAUM 40

«Gegen drei Uhr morgens sah Indira im Traum, dass sie ein Kartenhaus baute, als ein tiefes, grollendes Poltern ertönte und das Kartenhaus einstürzte. Aber, seltsam genug, es waren keine Karten, sondern Ziegel und Mörtel, die da zusammenfielen. Sie hörte eine weibliche Stimme deutlich rufen: ‹Steh auf und geh sofort hinaus.› Das wurde so lange wiederholt, bis sie sich genötigt sah, ihr Bett zu verlassen und auf die Veranda hinauszulaufen. Von dort aus sah sie, wie eine ihrer Tanten sich über die Wiege ihres kleinen Sohnes beugte. Bei Indiras Anblick rief sie: ‹Geh zurück ins Bett! Was für einen Unfug hast du jetzt im Sinn?› Indira schrie zurück: ‹Komm heraus, Tantchen, du musst. Es wird etwas Furchtbares geschehen.› Sie wartete die Antwort ihrer Tante nicht ab und rannte hinaus durch den Mandelhain auf den Tennisplatz. Kaum hatte sie den Rasen betreten, als ein schreckliches Krachen erdröhnte und das ganze Haus in weniger als einer Minute vor ihren entsetzten Blicken zusammenstürzte.»[34]

Das Bauen von Kartenhäusern wird wohl die aus dem Tagesleben vertrauten Bilder wiedergeben, und ebenso gewohnt wird es sein, dass diese Kartenhäuser in sich zusammenfallen. Nun schieben sich aber in diesen alltäglichen Bildzusammenhang zwei Elemente, die «eigentlich» gar nicht zu ihm gehören, die ihm eine neue Richtung geben: das grollende Poltern, das zu hören ist, und dann die Ziegel und der Mörtel, die aus dem zusammengefallenen Kartenhaus herausbrechen. Diese beiden Elemente sind selbstverständlich nicht aus dem vorausgegangenen Traumablauf zu erklären, sondern aus dem, was erst in der Zukunft geschehen wird, aus dem Bild des zusammenstürzenden Hauses, das die junge Indira nicht mehr im Traume, sondern nach dem Erwachen mit Augen sehen muss. Weshalb aber träumt sie überhaupt von aufgebauten und zusammenstürzenden Kartenhäusern? Weil der Gedächtnisträger diese Bilder parat hat und der Dramatiker der Traumhandlung leicht den Übergang schaffen kann von dem zusammenstürzenden Kartenhaus zu dem während des Erdbebens zusammenstürzenden Wohnhaus. Hier greift das zentrale Traummotiv ein, die Warnung vor dem Erdbeben. Die Bilder des ersten Traumteils wurden also ausgewählt aus dem Reichtum der parat liegenden Gedächtnisinhalte, weil sie sich als sinnbildliche Vorstellungen für die Botschaft des Traumes eigneten. Ausgewählt von dem Dramatiker, der in das Reservoir der Gedächtnisinhalte hineingreift, das ihm Passende auswählt und dann die Traumhandlung von Anfang an folgerichtig auf den Höhepunkt hin komponiert.

Indira Devi sagt nicht, ob sie die Stimme, die zum Verlassen des Hauses auffordert, noch im Traum oder schon nach dem Erwachen gehört hat – oder vielleicht zunächst im Traum und dann bei der Wiederholung im Wachbewusstsein. Möglicherweise war der Übergang von dem einen in den anderen Bewusstseinszustand fließend. Vielleicht war Indira Devi nach dem Ende der Traumhandlung so benommen, dass sie weder zu einer nüchternen Überlegung noch zu einem entschlossenen Handeln kam. Die Tatsache, dass die Stimme ihre Aufforderung mehrmals wiederholte, scheint in diese Richtung zu weisen, denn offensichtlich hat Indira Devi weder gewusst, wer sie in der Nacht zum Verlassen des Hauses aufforderte, noch was sie draußen tun sollte. Bei vollem Wachbewusstsein hätte sie sich das doch sicher gefragt. Andererseits erlebt sie eine Gewissheit: Was die Stimme sagt, ist richtig und wichtig für ihr Leben. Und diese Gewissheit bleibt bestimmend, als sie aufgestanden und auf die Veranda hinausgelaufen ist und dort von der Tante angesprochen wird. «Was für einen Unfug hast du jetzt im Sinn?» wird die Fünfzehnjährige wohl nicht selten von den älteren Familienmitgliedern zu hören bekommen haben. Aber auch dieser Satz löst sie nicht aus dem Bann des Wahrtraums. Das wird erst erfolgt sein, als vor ihren Blicken das Haus zusammenstürzte.

Nun bleibt die Frage, woher diese Stimme kommt, die so nachhaltig wirkt. Zunächst ist deutlich, dass sie eine andere Funktion im Ganzen der Handlung hat als die vorausgehenden Bilder des Kartenhauses, der Ziegeln und des Mörtels. Diese sind von symbolhafter Bedeutung, sie sprechen nicht durch sich selbst aus, was sie meinen. Die Stimme dagegen sagt unmittelbar, was sie meint. Ihre Aussage ist nicht auf das Traumgeschehen gerichtet, sondern auf das Leben in der Tageswelt, sie hat nicht Bildcharakter, sondern gibt praktische Anleitung. Sie passt in den objektiven Weltzusammenhang, und zwar besser als die so nahe liegenden Gedanken, die die Tante äußert, als das Mädchen nachts um drei Uhr aus dem Bett auf den Tennisplatz läuft. Aus dem harmlosen Bildzusammenhang des ersten Traumteils geht die Stimme also nicht hervor und ebenso wenig wohl aus den Inhalten des vorausgegangenen Tages. Das Bild des Kartenhauses ging nahtlos in dasjenige von Mörtel und Ziegeln über, doch die Stimme knüpft nicht an die vorausgehenden Bilder an – und es wäre doch so leicht gewesen, das Bild von Mörtel und Ziegeln mit dem Anblick des eigenen Hauses zu verbinden, sodass die Aufforderung, das Haus zu verlassen, begründet worden wäre. Aber die Stimme begründet ihre Aussage nicht. Die Kraft, Gewissheit zu schaffen, trägt sie in sich selbst.

Es ist charakteristisch für viele Wahrträume, dass wir aus ihnen eine Gewissheit über Sinn und Bedeutung des Erlebten mitbringen, eine Gewissheit, die nicht aus dem Trauminhalt zu begründen ist. Wir wissen einfach, dass der Traum uns eine Botschaft bringen wollte, und vielleicht auch, welche. Wer oder was uns diese Gewissheit gibt, bleibt meistens verborgen. Hier tritt es offen zutage. Es ist nicht eine vertraute Stimme, und doch wirkt sie vertrauenerweckend. Es gibt zahlreiche Berichte darüber, dass Menschen in Lebensgefahr eine warnende Stimme gehört haben, eine Stimme, die ihren Namen gerufen hat oder ein «Halt» oder ein «Zurück». Nicht selten meint man, die Stimme der eigenen Mutter gehört zu haben, vielleicht so, wie man sie aus der Kindheit in Erinnerung hat, oder man meint, die Stimme eines bestimmten Verstorbenen gehört zu haben. Dann sagt man gerne: Von diesem Menschen bin ich gewarnt und gerettet worden. An ein derartiges Einwirken zu denken, legt der Traum Indira Devis nicht nahe. Wenn eine weibliche Stimme erklingt, die ihrer eigenen nahe, aber reifer und sicherer ist, so ist wohl eher an ihr eigenes Ich zu denken, an das Ich, das noch ein Leben vor sich hat, das auf die eigene Zukunft zulebt, die jedoch akut gefährdet ist. Diese Wirklichkeit ihrer selbst bricht gewissermaßen aus der Schlafwelt durch den Traum bis in das Wachbewusstsein hinein – unter dramatischen Umständen.

Menschen können prophetische Träume als Hilfe für wichtige Lebensentscheidungen empfinden, wie der pietistische Mystiker Johann Arnold Kanne (1773 – 1824) dies berichtet. Er hatte eine junge Frau kennen gelernt und dachte an eine Heirat. Er würde sich zum Ja entschließen, wenn er wüsste, ob sie wirklich die richtige ist. Diese Frage hat ein Traum beantwortet:

Traum 41

«Ich träumte eine Nacht, ich wär in meiner Vaterstadt und ginge, hinter der Alexandersburg, den so genannten Papenberg hinauf. Wie ich so langsam, still und heiter für mich hinging, zog es mich auf einmal zur Seite zu einem ausgemauerten Brunnen, in den steinerne Staffeln [Stufen] herabgingen. Ich stieg hinab und sah ein himmelklares, ätherisches Wasser. Ohne alle nähere Ideenverbindung fragte ich sogleich in den Brunnen hinein: ‹Werde ich glücklich sein?› Und es antwortete mit heller, milder Stimme: ‹Das kommt auf dich an.› Gleich auf dies Wort stieg ich wieder aus dem Brunnen, wachte auf, und es war mir wunderbar leicht ums Herz.»[35]

Der Traum beginnt mit Bildern aus der Heimatstadt Kannes, die im Gedächtnis sicher fest verankert sind. Langsam, still und heiter wandert er dahin, die Traumstimmung passt gut zu den Bildern aus der Kindheit. Da greift ein neues Motiv ein: die steinernen Stufen, die in einen ausgemauerten Brunnen hinabführen. Indem der Träumer das Wasser als himmelklar und ätherisch erlebt, wird die andere Qualität des Bildes angezeigt, es ist nicht das Abbild der äußeren Welt, sondern es zeigt eine Tiefendimension. Die kündigt sich bereits an, als der Träumer sich zur Seite gezogen fühlt und damit ja die Stufen und den Brunnen entdeckt.

Weshalb der junge Mann «ohne alle nähere Ideenverbindung» in den Brunnen hinein fragt, ob er glücklich sein werde, ist nicht schwer zu erraten. Es ist die Frage, mit der er vor seiner Verheiratung ständig gelebt hat. Aber er wird sie wohl in sich bewegt und nicht jedermann und jedem Brunnen gestellt haben. Als der Träumer die Stufen hinabsteigt, trifft er nicht jemanden, mit dem er spricht, sondern er kommt zu sich selbst. Anders gesagt: Während des Traumes nähert er sich der Region des Tiefschlafes, in dem er mit sich selbst einig ist. Es antwortete, das heißt die Worte hatten einen objektiven, über das alltägliche Seelenleben hinausgehenden Klang. Die helle und milde Stimme zeigt deutlich, dass nicht eine strenge Antwort oder gar Zurechtweisung erfolgt – die würde nicht zu dem himmelklaren, ätherischen Wasser passen –, sondern der zweifelnde junge Mann ist von der Stimme ernstgenommen und angenommen, und ihm wird gütig der Weg in die Zukunft gewiesen.

Die Antwort, auf die Kanne in seinem Wachbewusstsein, im Gespräch mit sich selbst, gewartet hat, ist sicher das Ja gewesen. Aber im Traum kommt nicht ein Ja, auch nicht ein Nein und schon gar nicht ein Jein. Der Träumer wird darauf verwiesen, dass nur sein guter Wille diese Frage beantworten kann. Wenn die Traumantwort ein Ja gewesen wäre, dann hätte man geltend machen können, dass diese Antwort sein Wunschdenken am Tage widerspiegele. Das ist nicht der Fall. Die Antwort geht nicht aus dem Wechselspiel von Wünschen, Zweifeln und

Hoffnungen hervor. Sie erfolgt auf einer höheren Ebene – und beendet trotz ihres offenlassenden Charakters das Hin und Her der bisherigen Situation. Obwohl der Träumer nicht das ersehnte Ja gehört hat, ist es ihm beim Erwachen wunderbar leicht ums Herz. Denn glücklich will er ja mit dieser Frau werden, und nun weiß er, dass er es kann.

Die Aussagen von Wahrträumen sind oft überraschend. Wenn man über sie nachdenkt, bemerkt man vielleicht, dass sie zuerst eine Lebensfrage zurechtgerückt und dann auf die richtig gestellte Frage eine ganz nahe liegende Antwort gegeben haben.

Der Mensch ist für prophetische Träume besonders disponiert, wenn ein neuer Lebensabschnitt beginnt. Die gefestigte Struktur der Lebensverhältnisse ist aufgebrochen, und das Denken geht beweglicher auf die Chancen des neuen Lebensabschnitts ein.

Als der achtzehnjährige Justinus Kerner im Herbst des Jahres 1804 zum Studium nach Tübingen übersiedelte, stand er in einer solchen Situation. In dieser Zeit hatte er einen längeren Traum, dessen erster Teil von ihm rückblickend in Zusammenhang gebracht wurde mit dem acht Jahre später erfolgten Tode seines Bruders, dessen zweiter Teil sich aber auf die eigene Zukunft bezog, in einer konkreten Bildhaftigkeit, die selten sein dürfte.

Traum 42

«... Ich trat in die Kirche. Sie war hell vom Mond beleuchtet, und besonders brannten die Glasgemälde ihrer Fenster in nie gesehener Farbenpracht. Die Bilder in den Gemälden, die ich auf ihnen erblickte, waren aber völlig lebend und bewegten sich. Wie Bilder einer Laterna magica kamen sie, je nachdem der Mond schien, mir völlig nahe und traten dann in Lebensgröße wie von den Fenstern heraus in die Kirche, bald schwebten sie wieder zurück und wurden wieder klein, doch je kleiner je heller, lebendiger und beweglicher. Es waren aber diese Bilder keine Bilder von Heiligen, sondern von Menschen, die ich noch nie gesehen hatte, die aber in späteren Jahren meines Lebens und besonders in dieser Stadt mir vorkamen und tief in mein Leben eingriffen, was ich freilich jetzt noch nicht ahnte und nicht zu deuten wusste, was mir aber später in völliger Klarheit vor Augen trat. Oft gruppierten sich diese Bilder, und ich erblickte mich selbst immer unter ihnen, zu Darstellungen, die immer wieder wechselten, und später erkannte ich, dass diese Szenen aus meinem damals noch kommenden Leben gewesen. Auf all den Fenstern und in all den Darstellungen erblickte ich unter anderen Frauen- und Männergestalten immer eine Gestalt wieder, und diese leuchtete mir aus allen klar heraus, und schien sie mir zu verschwinden, wandelte mich eine Angst an, und ich suchte sie, bis ich sie wieder sah. Nachher erkannte ich in der treuen Gefährtin meines Lebens diese damals auf diesem Kirchenfenster im Traume gesehene Gestalt wieder ...»[36]

Der Traum greift ein sicher oft gesehenes Bild auf, die bunten Kirchenfenster. Diese werden jedoch in bewegte Szenen verwandelt, denn im Traum gibt es ja in sich ruhende Bilder nur in Ausnahmefällen. Merkwürdig ist die Beziehung zwischen den im Fenster erscheinenden und den durch den Kirchenraum schwebenden Gestalten. Während die Traumhandlung sich im Allgemeinen weder in der Fläche noch im dreidimensionalen Raum abspielt, sondern, wie im ersten Kapitel bereits dargestellt, innerhalb einer «Vertrautheitsdimension», ist hier eine deutliche Differenzierung vorgenommen. Was die Traumgestalten tun, als sie sich durch den Kirchenraum bewegen, ist leider nicht genauer ausgeführt, aber offenbar hat der Träumer ihr Schweben als wechselnde Annäherung und Entfernung erlebt. Dass die Gestalten vor- und wieder zurücktreten, steht im Zusammenhang mit dem stärker oder schwächer werdenden Licht des Mondes. Das von außen hereinflutende Licht ist also die bewegende Kraft für das Schweben im Raum. Wenn die Gestalten sich wieder in das Fenster einfügen, verlieren sie keineswegs ihre Aktivität. Sie werden zwar kleiner, aber zugleich heller, lebendiger und beweglicher. Ihr Eigenwesen und ihre Bedeutung für das spätere Leben Kerners offenbaren die Gestalten gerade dann, wenn sie sich auf den Fenstern zu immer neuen Gruppen formieren. Das Schweben durch den Kirchenraum erscheint demgegenüber eher als eine Annäherung an den Standort des Träumers. Die Kirchenfenster-Szenen wirken objektiver, in sich gültig. Diese Objektivität wird noch dadurch unterstrichen, dass der Träumer unter den Gestalten auch sich selbst, also von außen her, sieht, während er zugleich auch im Kirchenraum steht und auf die Fenster hinschaut. Der im Kirchenraum stehende Kerner ist es, der die hauptsächlich interessierende Frauengestalt auf den neuen Bildern immer wieder sucht, der ängstlich wartet, ob sie auch dies Mal auftritt, und beruhigt ist, wenn dies geschieht. Das seelische Engagement ist also auf den im Kirchenraum stehenden Kerner konzentriert, er bezieht die Situation auf sich selbst, während der im Kirchenfenster abgebildete Kerner davon unberührt bleibt und in die Handlung einverwoben ist.

Woher stammt das Konzept dieser Handlungen? Wir erfahren, dass die Gestalten, die auf den Kirchenfenstern abgebildet waren, zur Zeit des Traumes dem Dichter noch unbekannt waren, dass sie aber in dessen späterem Leben, vor allem während der Tübinger Jahre, eine Rolle gespielt haben. Eine gewisse Vorsicht ist geboten, weil Traumbilder im Allgemeinen so offenlassend, in ihren Konturen so flexibel sind, dass recht verschiedenartige Wahrnehmungsbilder des Tageslebens mit ihnen zur Deckung gebracht werden können. Aber doch nicht in beliebigem Maße! Ob Justinus Kerner jede Stirnfalte der im Traum gesehenen Personen nach dem Aufwachen hätte beschreiben können, ist sehr zweifelhaft. Aber darauf kommt es ja nicht an. Wir erkennen einen Menschen nach längerer Zeit auch nicht an den Stirnfalten wieder, sondern an der Dynamik des Blickes, des mimischen Ausdrucks oder einer Handbewegung. Und eine Entsprechung dieser Art dürfte auch bei Kerner zum Wieder-Erkennen der Traumbildgestalten im Tagesleben geführt haben. Weiterhin mag der junge Student den einen oder anderen der künftigen Tübinger Freunde schon auf der Straße getroffen, aber kaum beachtet haben. Aber vielleicht hat er ein unbemerktes Interesse für diese Menschen entwickelt, das sich nun im Traum Geltung verschafft. Dann würde es sich bei den Bildern doch zum Teil um Gedächtnisbilder handeln und nicht um das Hereinragen künftiger Erfahrungen. Diese Argumente können den prophetischen Charakter des Traumgeschehens einschränken, aber nicht die außergewöhnliche Schilderung erklären.

Nun zeigt dieser Traum eine auffallende Ähnlichkeit mit einem Erleben, das aus der heutigen Sterbensforschung bekannt ist, dem Lebenstableau. Menschen an der Schwelle des Todes berichten von einem bis in Einzelheiten ausgeführten Bild des eben – scheinbar – zu Ende gehenden Lebens, das sich in der Art eines Panoramas vor ihnen ausbreitet, als ein Bildgewebe, in dem der Mensch sich von außen sieht.

An der Todesschwelle geht es um den Rückblick auf das gelebte Leben, im Traum Justinus Kerners um den Vorblick auf noch nicht Geschehenes. Aber ist das nicht auch eine Realität? Wir kennen wohl die Situation, dass wir einem Menschen begegnen, von dessen Lebensstellung und Biografie wir noch kaum etwas wissen, an dem wir jedoch spüren, dass er zu uns passt oder dass er für unser Leben bedeutend werden kann. Das ist ein bildloses Erleben, eine Ahnung, die eine unüberhörbare Bestimmtheit und Sicherheit besitzen kann, also nicht ein selbstbezogenes Gefühl, sondern eine weltbezogene Haltung, die mehr dem Willensbereich zuzuordnen ist. Der Wahrtraum breitet in seiner Bilderwelt aus, was im Wachbewusstsein als Ahnung kommenden Schicksals auftreten kann. Der Traum Justinus Kerners ist ebenso sicher und bestimmt wie die geschilderte Ahnung in der Menschenbegegnung, er ist nur konkreter. Und er unterscheidet seine objektive Aussage von der subjektiven Einstellung zum Erlebnisinhalt, indem er den Kerner im Kirchenraum dem Kerner im Kirchenfenster gegenüberstellt.

Während Johann Arnold Kanne im Traum erfährt, dass er mit seiner Freundin glücklich werden kann, ist sich Justinus Kerner sicher, dass er auf eine bestimmte junge Frau zugeht, die er noch gar nicht kennen gelernt hat. Er weiß zuvor, dass sie die richtige ist. Und als er sie zum ersten Mal gesehen hat, wird es wohl geknistert haben. Aber das geschieht wohl auch bei Menschen, die nicht zuvor voneinander geträumt haben.

Ein Traum von der eigenen Geburt

Träume können nicht nur in die Zukunft vorgreifen, sondern auch eine Vergangenheit erhellen, die der Erinnerung nicht zugänglich ist. Auf diesem Gebiet ist Vorsicht geboten, ähnlich wie bei den weit zurückreichenden Früh-Erinnerungen. Denn Erzählungen oder Fotos können so verinnerlicht werden, dass sich in der Fantasie wie auch im Traum Bilder formen, die wie eigene Erinnerungen erlebt werden und doch nur der Nachklang des Gehörten oder Gesehenen sind. Eigene Früh-Erinnerungen sind oft daran zu erkennen, dass der Mensch sich als kleines Kind von außen, von oben her sieht – ähnlich wie der Sterbende im Lebenstableau sich von außen wahrnimmt. Nicht nur optisch, sondern auch empfindungsmäßig ist dann eine Distanz des Menschen zu sich selbst erkennbar. Vielleicht ist die eigene Persönlichkeit gespalten in denjenigen, der von außen betrachtet, und in denjenigen, mit dem etwas geschieht, der also der Traumhandlung ausgeliefert ist.

Traum 43

Ich habe niemals jemanden etwas Ähnliches erzählen gehört noch habe ich jemals etwas ähnliches gelesen. Ich erinnere mich nämlich an meine eigene Geburt. Weshalb eigentlich sollte ich mich daran erinnern?! Es war doch für mich eher eine Belastung als von Nutzen. Die Erinnerung erwachte erstmals mit fünf oder sechs Jahren, ehe ich in die Schule kam. Die Erinnerung kam in einem Traum, den ich drei Mal nach längeren Zwischenräumen, vielleicht von einem Jahr, hatte. Der dritte der drei Träume war so erregend, dass ich ihn niemals vergessen kann. Ich bin sehr groß und sehr klein zugleich und befinde mich sehr, sehr hoch über der Erde und zugleich sehr nahe, was ich eigentlich gar nicht will. Ich sehe alles wie durch ein Fernglas, das man falsch herum vor das Auge setzt, oder wie durch eine Tüte, großflächig nach oben und ziemlich gedrängt nach unten. Ich sehe eine gedrängte, kleine, weiße Fläche mit einigen weiß gekleideten Gestalten, die um sie herum stehen. Sie sind sehr bewegt und haben viele Arme und lange, weiße Fäden oder Taue, die bis zu mir herauf reichen und mit denen sie mich einfangen wollen. Zu der gleichen Zeit, in der ich diese Gestalten von sehr hoch oben sehe, sehe ich sie auch ganz nahe in natürlicher Menschengröße, ebenfalls von oben. Der Kampf und die Fahrt abwärts durch diese Tüte ist unbeschreiblich schmerzlich. Kräfte ziehen mich nach unten, reißen mich nach unten, obwohl ich dies nicht will. Es fühlt sich an wie ein mächtiger Magnet. Und alle diese Fäden! Ich glaube, es sind Fäden, die elektrisch geladen sind. Die große Tüte hat drei Abteilungen oder Niveaus. Auf jedem Niveau gibt es diese – auch am Kopf – weiß gekleideten Gestalten, die um einen kleinen, weißen, runden Tisch oder Ähnliches herumstehen. Sie stehen sehr nahe bei einander, sind sehr bewegt und haben viele nackte Arme und Hände. Zuerst werde ich herabgezogen auf das erste Niveau und bemerke zu meinem Schrecken, dass die Weißgekleideten mich ergreifen können und dass es von irgendwoher stark leuchtet. Ich schließe die Augen, und es leuchtet durch die Augenlider hindurch. Dann verschwindet alles, und ich glaube, dass es nun vorüber ist. Dann werde ich auf das zweite Niveau hinuntergedrückt, und ich empfinde, wie ich mehr und mehr gefangen bin, ergriffen von deren Händen und deren entsetzlichem Licht. Ich presse fest die Augen zusammen, um von ihnen freizukommen. Ich fühle mich ganz nackt. Eine Nacktheit, die man nicht beschreiben kann, als ob ich nicht einmal Haut und Fleisch am Körper hätte. Nun verschwindet wieder alles, und ich glaube, dass ich gerettet bin. Schließlich werde ich von diesen elektrischen Kräften auf das dritte Niveau hinuntergezogen, was sehr schmerzhaft ist. Nun fühle ich mich schwer wie ein großer Stein, und ich erlebe, dass ich auf dem Rücken auf der weißen Fläche liege und völlig zerstört bin. Schwer wie ein Fels und klein wie ein Zwerg, völlig kleinlaut. Ich presse die Augen zusammen, aber das Licht dringt durch die Augenlider. Der einzige Schutz, den ich habe, ist es, die Augen fest zuzukneifen. Ich denke, dass ich mich totstellen müsste, um in Ruhe gelassen zu werden. Aber da merke ich, dass ich atme, obwohl ich das gar nicht will. Ich wollte mich ja totstellen, denn ich wollte tot sein, wollte weg sein. Obwohl ich glaube, dass ich tot aussehe und in Ruhe gelassen werde, gibt es noch die Hände, die mich anfassen und alles Mögliche mit mir machen. Das ist entsetzlich, denn ich habe ja nicht einmal eine Haut. Die Hände greifen direkt hinein in mein Fleisch, ich erlebe das wie einen elektrischen Schlag. Nach einer Weile erlebe ich nicht mehr diese nackte, schmerzhafte Auslieferung (vielleicht habe ich eine Decke um den Leib bekommen?). Jetzt wage ich auch, die Augen hin und wieder zu öffnen, und befinde mich in einem großen Raum mit schwarz-weiß gemustertem Steinfußboden und mit mehreren großen Fenstern, durch die das Tageslicht hereinscheint. Jetzt höre ich ein kräftiges Kinderschreien (vielleicht von mir selbst), und das gibt ein Echo im Inneren des Kopfes, aber ich kann nicht die Ohren schließen. Ich sehe, wie ein Kind in eine steinerne Badewanne getaucht wird. Es schreit entsetzlich. Hier ertränkt man Kinder, denke ich erschrocken. Dann schneidet mir jemand die Fingerkuppen ab, und diese fallen, sich verhärtend, nieder zum Fußboden (man hat mir wohl die Fingernägel geschnitten, das tat man früher bei Neugeborenen). Jemand steckte einen langen Stock in mein Hinterteil (er wollte wohl die Temperatur messen). Sehr schmerzhaft. Ich erlebe auch einen Abfluss im Fußboden, in den

Wasser niederrinnt, und ich glaube, dass ich dort hineingezogen werde, aber das werde ich nicht zu meiner großen Erleichterung. Dann werde ich hart eingewickelt in ein hartes, weißes Tuch oder etwas Ähnliches, und ich habe plötzlich Kleider an. Ich kann kaum atmen und werde allzu hart eingeschnürt durch die langen, kalten, schmalen Tücher. Sie wollen mich doch wohl nicht töten, denke ich. Ich bin furchtbar traurig, alleingelassen und klein und weiß nicht, was ich hier soll und weshalb ich hier bin. Die Wangen fühlen sich nass und kalt an von den Tränen. (Dieses Gefühl von Alleingelassensein, das ich wie einen Abgrund erlebe, hat mich durch das Leben verfolgt. Ich kann es nicht ertragen, wenn ein kleines Kind weint).
Der Schritt der Schwester hallt hart vom Steinfußboden zurück, und als ich steif in ihrem Arm liege, höre ich das Reiben ihrer Kleidung. Dann trägt sie mich durch eine Türe mit einer Glasscheibe hinaus in eine dunkle Halle oder in einen dunklen Gang … Hier findet der Traum seinen Abschluss.

Die Träumerin sagte im Gespräch, dass die Geburt normal verlaufen und dass sie gesund gewesen sei. Als Sechzehnjährige fand sie in einem Fotoalbum zu Hause ein Bild von dem Krankenhaus, in dem sie geboren wurde, mit genau dem schwarz-weiß gemusterten Fußboden, den Fenstern und der Krankenschwester, wie sie im Traum erschienen waren. Das versetzte ihr einen Schock.

Auffallend an der Schilderung ist einerseits die Konkretheit und Genauigkeit der Bilder, bis hin zur Musterung des Fußbodens. Andererseits werden die Bilder nicht immer mit bestimmten und nahe liegenden Begriffen verbunden: Der Blick trifft auf eine weiße Fläche, nicht auf ein Laken. Hier ist etwas von einer vorbegrifflichen Welt der frühesten Kindheit erhalten. Die Träumerin (jedenfalls bei dem dritten, hier erzählten Traum) war jedoch bereits ein Schulkind, und sie fügt, recht genau in ihren Formulierungen, mehr hinzu, was gemeint ist: Der lange Stock, der in das Hinterteil gesteckt wird, ist, wohl schon während des Traumes, das bekannte Fieberthermometer.

Noch wichtiger und interessanter ist, wie stark die Bilder von Empfindung durchdrungen sind. Ja, manche Bilder wirken sogar wie verdichtete Empfindungen. So reichen von den Menschen unten lange, weiße Fäden oder Taue zu der Ungeborenen hinauf. Mit ihnen soll das Kind eingefangen werden. Sie sind «elektrisch geladen». Es ist deutlich, dass hier nicht das Bild von Fäden sich aufdrängt und dann mit einer Empfindung verbunden wird, sondern im Gegenteil: Die Empfindung, eingefangen zu werden, verdichtet sich zum Bild der Fäden oder Taue. Der Dramatiker der Traumhandlung ist bestimmend in der Wahl des Bildes und gibt dem Bilde eine recht emotionale Note, die Fäden werden elektrisch geladen.

Solche Bilder können sicher nicht als Nachklang von Erzählungen, die das Kind gehört hat, erklärt werden. Und noch weniger ist das möglich für das eigentümliche Raumempfinden des Traumes. Die Ungeborene ist «sehr groß und sehr klein zugleich», sie ist «sehr, sehr hoch über der Erde und zugleich sehr nahe». Sie erlebt sich, wie der tiefschlafende Mensch, in der Weite der Welt, noch nicht an den Leib gebunden und zugleich als machtlos, als klein. Doch es wird nicht nur der Kontrast zwischen der Weite des Himmels und der Enge der Erde geschildert, sondern ein dreistufiger Abstieg. Der Weg zur Erde, in den Leib ist schmerzhaft, was wohl kaum einen schmerzhaften ärztlichen Eingriff meint, sondern die Hüllenlosigkeit, die mit dem Austritt aus dem Uterus verbunden ist. Die Träumerin hat keine Haut, ihr offenes Fleisch ist dem Zugriff der Menschen ausgesetzt. Vor allem wehrt sie sich gegen das grelle Licht. Und als die Verbindung zu der himmlischen Welt abgerissen ist, fühlt sie sich schwer wie ein Stein.

Es ist charakteristisch, dass ein solcher Traum vor dem neunten Jahre auftritt, ehe der Mensch den Weg von der frühkindlichen Offenheit zum Realismus des Schulkindes geht. Biografisch kann der Traum wie ein Abschiedsgruß der frühen Kindheit verstanden werden, der eine starke Nachwirkung auf die spätere Lebenshaltung hat. Der Traum hält die Gewissheit vom himmlischen Ursprung des Menschen wach, von seiner Vorgeburtlichkeit – so wie prophetische Träume im späteren Leben das Vertrauen in das künftige Schicksal stärken können.

V. Träume vom Tod

Todesträume, die nicht den Tod meinen

Angst bereiten uns wohl vor allem die Träume vom Tod, vom eigenen oder vom Tod nahe stehender Menschen. Oft jedoch finden sie, glücklicherweise, eine einfache und harmlose Erklärung, denn der Traum übertreibt gerne und macht aus dem schlechten körperlichen Befinden oder aus der Erschöpfung den eigenen Tod.

Traum 44

> Während einer Urlaubsreise in Nordafrika träume ich, dass ich auf einer Pritsche in einem einfachen Raum liege, der mir wie eine Gefängniszelle vorkommt, und schlafe. Ich werde (so träume ich weiter) davon wach, dass ein großer, breitschultriger Mann an mein Lager herantritt und mir die Kehle zudrückt. Als ich in seine grimmigen Augen blicke, sagt er, ganz nüchtern erklärend: «In dieser Stunde werden alle Deutschen in Afrika abgegurgelt.» Als ich nun wirklich erwache, bemerke ich, dass meine Luftröhre verstopft ist.

Die Entstehung des Traumes ist leicht zu durchschauen. Es war das erschwerte Atmen, das zum Aufwachen geführt hat. Der

Dramatiker der Traumhandlung hat die Störung an der richtigen Stelle des Körpers lokalisiert, ein Zeichen dafür, dass er mit den Körpervorgängen schon eng verbunden war. Auch dass ich seit einigen Tagen in Afrika bin, wurde im Traum berücksichtigt. Was nach dem Aufwachen als Störung im Inneren des Leibes erkannt wird, erscheint im Traum, wie so oft, als ein Eingriff von außen her. Nicht die Luftröhre ist verstopft, sondern eine Hand greift an meine Kehle. Lebensbedrohend war der Zustand allerdings nicht, und schon gar nicht für alle Deutschen in Afrika. Auch habe ich sicher nicht unter einer verdeckten Todesangst oder Todesahnung gelitten, die sich hier etwa bemerkbar gemacht hätte. Auch nicht in dem folgenden Traum:

Traum 45

> Ich träume, dass ich tot bin und vor der Leichenhalle liege. Ich weiß, dass der Sarg bald in das Krematorium gerollt werden soll. Da sehe ich den Friedhofsverwalter durch die Reihen der Särge gehen und höre ihn zu seinem Begleiter sagen: «Es dauert noch eine halbe Stunde bis zur Kremation.» Ich frage ihn: «Kann ich die Zeit bis dahin wohl zu einem Spaziergang nutzen?» Er antwortet: «Ja, aber Sie müssen versprechen, pünktlich zurück zu sein.» Zufrieden mit der Antwort, versuche ich mich aufzurichten. Aber das gelingt nicht, weil ich zu steif bin. Durch diese Anstrengung wache ich auf und fühle mich überarbeitet und erschöpft.

Das körperliche Befinden wurde in zweifacher Weise symbolisiert: einmal in dem Bild des Leichnams, den ich von außen sehe und von dem ich sogleich weiß, dass ich es bin, der dort liegt. Mein Tod ist eine Tatsache, die ich hinnehme, ohne dass damit Schmerz, Trauer oder Enttäuschung verbunden sind. Zum anderen wird der eigene Tod erlebt als die Steifheit der Glieder, während ich mich im Sarge aufrichten will. Ich wehre mich nicht gegen die Verbrennung im Krematorium, ich finde es jedoch sinnlos, die halbe Stunde bis dahin einfach nur zu warten, die Zeit könnte man doch nutzen, wenigstens für einen Spaziergang. Denn vertane Zeit ist mir auch am Tage ein Ärgernis. Mit dem Wunsch, die halbe Stunde zu nutzen, erhält der Traum eine neue Wendung: Ich werde aktiv. Das äußert sich zunächst in der Frage an den Friedhofsverwalter und dann in dem Versuch, mich aus dem Sarg zu erheben. Und diese Initiative setzt sich in den Tag hinein fort, indem ich nach dem Erwachen erreiche, was im Sarg nicht möglich war: aufzustehen und die Müdigkeit abzuschütteln.

Träume dieser Art können zunächst als Spiegelung des körperlichen Befindens verstanden werden, doch kann in ihnen ein noch tieferer Sinn liegen. Wie der körperliche Schmerz nicht nur Spiegelung einer Krankheit ist, sondern zugleich Warnung, so liegt die Weisheit des eben geschilderten Traumes in dem Hinweis, auf das körperliche Befinden besser zu achten, also vor allem einmal wieder richtig auszuschlafen.

Träume vom eigenen Leichnam können komplizierter in der Handlung und tiefer im Sinn sein, etwa in der folgenden Erzählung eines dreizehnjährigen Mädchens:

Traum 46

«Ich liege im Sarg. Alles ist für das Begräbnis bereit, weinend stehen die Eltern, die Geschwister und alle Verwandten an meiner Bahre.

> Sie warten noch auf den Geistlichen, der den Leichenzug begleiten muss. Ich selbst bin tot, fühle aber genau, dass ich noch nicht ganz gestorben bin. Ich habe entsetzliche Angst, scheintot begraben zu werden. Ich mache aber gar nicht den Versuch, aus dem Sarg zu springen, sondern habe vielmehr die Vorstellung, dass ich in der kurzen Zeit zwischen Begräbnis [gemeint ist wohl die Bestattungsfeier] und Grablegung sterben will. Darum halte ich den Atem an, mir vergehen die Sinne. Ich habe schreckliche Angst vor dem Sterben und ebensolche Angst, dass ich bis zur Beerdigung noch nicht gestorben bin.»[37]

Dieser Traum scheint auf den ersten Blick dem vorhergehenden sehr ähnlich zu sein, sein dramatisches Konzept ist jedoch ein ganz anderes. Der Tod wird nicht als Tatsache hingenommen, der Traum spiegelt also nicht einen Zustand, sondern einen inneren Zwiespalt; die Angst vor dem Sterben steht im Kontrast zu der Angst, scheintot begraben zu werden. Indem die Träumerin den Atem anhält, versucht sie das zu werden, wovor sie Angst hat, eine vollständig Tote. Das ist das zentrale Motiv dieses Traumes: die Entwicklung hin zu dem, wovor die Träumerin Angst hat. Nicht ein Zustand spiegelt sich in diesem Traum, sondern eine Entwicklung. An ihr ist nicht nur das Mädchen beteiligt, sondern auch die Familie. Die Eltern, die Geschwister und alle Verwandten stehen weinend am Sarg. Das ist ein Abschied. Aber obwohl die Träumerin weiß, dass sie noch nicht ganz tot ist, versucht sie nicht, aus dem Sarg zu springen. Die Eltern sind da, das Mädchen brauchte sich nur in deren Arme zu werfen und sie wäre gerettet. Aber die

Träumerin kann und will nicht den Willen zu diesem Schritt aufbringen. Denn für sie gibt es nicht ein Zurück zu den Eltern, sondern nur ein Vorwärts zum Begräbnis – scheintot oder wirklich tot.

Indem die Träumerin den Atem anhält, bis ihr die Sinne vergehen, entscheidet sie sich für den wirklichen Tod, für die Trennung von der Familie und für das Grab. Aber sie ist nicht sicher, ob es gelingt, bis zum Begräbnis tot zu sein. Noch bleibt ja etwas Zeit bis dahin, denn ohne den Geistlichen kann sich der Leichenzug nicht in Bewegung setzen. Der Traum meint also nicht in erster Linie die Gegenwart, sondern die unmittelbar bevorstehende Zukunft des träumenden Menschen – wie ja Träume oft vorausgreifen und etwas als Tatsache schildern, was im Leben des Menschen sich erst anbahnt. Hier ist der vorausweisende Charakter des Traumes recht genau in die Bildsprache eingefangen.

Was aber meint das Todesmotiv? Zunächst könnte man vermuten, das Mädchen habe die Geschichte von dem Begräbnis eines scheintoten Menschen gehört und diese Handlung werde nun im Traume nachgebildet. Doch das ist unwahrscheinlich, denn dem würden die Kompliziertheit der Handlung und das zwiespältige Auftreten der Angst widersprechen. Deshalb scheidet auch eine andere nahe liegende Deutung aus, nämlich in dem Traum den Ausdruck einer im Jugendalter öfters auftretenden Todessehnsucht zu sehen. Es ist kaum möglich, die Träumerin mit dem Menschen im Sarg einfach gleichzusetzen, also zu sagen, das Mädchen habe von ihrem eigenen Tod geträumt. Aber wer ist dann gestorben oder fast schon gestorben?

Es ist eine oft beobachtete Eigenart des Traumes, dass er das Bild meiner selbst, mit dem ich mich in einem bestimmten

Lebensalter identifiziere oder identifiziert habe, als eine selbstständige Person mir gegenüberstellt. Die Träumerin ist dreizehn Jahre alt, also im Übergang von der Kindheit zur Jugend. Was sie bisher gewesen ist, das Kind, liegt im Sarg und weiß von sich, dass es fast tot ist. Es hat Angst vor dem Sterben, denn im Jugendalter tritt eine typische Lösungsangst auf, weil die Welt der Kindheit, die eine sichere Stütze war, nun nicht mehr trägt. Zu dieser Lösungsangst steht im Widerspruch der Wille, erwachsen zu werden und deshalb die Kindheit zu verlassen. Im Tagesbewusstsein äußert sich dieses gestörte Verhältnis zur eigenen Vergangenheit darin, dass der Jugendliche nicht daran erinnert werden möchte, dass er einen bestimmten Lehrer früher bewundert und geliebt hat oder dass er so hatte werden wollen die eigenen Eltern. Entsetzlich! Man kann sich nur schämen, einmal Kind gewesen zu sein. Bei der Träumerin erscheint dieses Motiv als Kontrast zwischen der Angst vor dem Sterben und dem Versuch, den Atem anzuhalten, bis die Sinne vergehen. Wenn das Kind in der Träumerin begraben werden muss, dann soll es wenigstens wirklich tot sein. Mit dreizehn Jahren hat es damit noch ein wenig Zeit, der Leichenzug hat sich noch nicht in Bewegung gesetzt, aber der Geistliche wird jeden Augenblick erwartet. Es wird schon vorausempfunden, dass wichtige Entwicklungsschritte bevorstehen, die kein Zurück mehr erlauben. Der Pfarrer wird sicher nicht mit dem Sarg spazieren gehen, sondern ihn direkt zum Grab geleiten.

Wenn die Angehörigen weinend am Sarg stehen, so sind hier wohl zwei Motive ineinander geschoben. Einerseits wird das Mädchen, wahrscheinlich wiederholt, gehört und gespürt haben, dass es früher viel gefügiger und freundlicher gewesen sei. Also die Angehörigen weinen, weil das Kind in dem

Mädchen gestorben ist. Zum anderen ist wohl die eigene Wehmut der Träumerin verbildlicht: Es war doch einmal so schön, als die Welt noch stimmte, als ich mich in den Armen der Eltern noch wohlfühlte. Die Tränen kommen aus dem Inneren der Träumerin. Es ist schon zum Weinen, aber aus dem Sarg zu springen, das versucht sie doch nicht. Der Zwiespalt, der in der gegenwärtigen Lebenssituation liegt, spricht sich im Traume vollkommen aus. Eine Zukunftsperspektive über das Grab hinaus enthält der Traum noch nicht.

Damit ist bereits der Übergang gefunden zu den Todesträumen, die den Verlust einer zwischenmenschlichen Beziehung meinen. Oft erwachen sechsjährige Kinder in heftiger Angst und erzählen, sie hätten geträumt, dass die Mutter gestorben ist. In solche Träume wird von Eltern oft etwas hineingedeutet, was dem Kind ganz ferne liegt: vielleicht eine ernstzunehmende Ahnung vom frühen Tod der Mutter oder gar der Wunsch, die Mutter möge verschwinden, damit man den geliebten Vater für sich allein habe. Es soll ja so etwas geben wie den Hass auf den gleichgeschlechtlichen Elternteil, sagen manche Psychologen. Die Lösung ist viel einfacher, denn das Kind in diesem Alter hat noch nicht den Begriff des Todes, den wir Erwachsene haben, es erfasst noch nicht das unwiderrufliche Ende des Lebens. Ob die Mutter stirbt oder ob der Vater für immer nach Amerika reist, hat für die Traumdeutung deshalb den gleichen Sinn. Unter gesunden Verhältnissen denkt das Kind auch nicht an die Auflösung der Familie, die seine Welt und damit auch sein eigenes Wesen ist. Wenn das fünfjährige Mädchen jubelnd dem Vater erklärt «Papa, wenn die Mama mal tot ist, dann heirate ich dich», sollte das im Allgemeinen nur als Liebeserklärung an den Vater, aber nicht als Hasserklärung für die Mutter verstanden werden.

Die meisten Todesträume der Sechsjährigen, auch der Neunjährigen und der Jugendlichen, sind als Lösungsträume zu verstehen. Und dieses Motiv tritt in späteren Jahren wieder auf, wenn der Mensch sich einem Lebenspartner oder einem neuen Lebenskreis zuwendet. Charakteristisch ist, dass in diesen Fällen nicht der Träumer sich aus der bisherigen Umgebung entfernt, sondern dass diese den Träumer allein lässt. Das beruht auf der nun schon mehrfach geschilderten Tendenz zur Umkehr der Verhältnisse im Traum: Was ich am Tage tue, kommt mir im Traum von außen entgegen. Charakteristisch ist auch, dass die bisherige vertraute Welt nicht als ganze geträumt wird, sondern repräsentiert durch einen einzigen Menschen. Das müssen nicht Mutter oder Vater sein, aber sie sind es oft.

In der Wirklichkeit des Tages kommt es ja zu einer Lösung aus der bisherigen Welt, weil der Mensch auf einen neuen Lebenskreis zugeht. Das aktive und positive Motiv ist am Tage oft bestimmend, der Traum aber greift auf, was am Tage überlagert war. Er macht deutlich, dass ein Schritt in die Zukunft auch immer Trennung von der Vergangenheit ist. Das wird oft recht einfach und eindringlich formuliert, durch das Bild des Todes.

Todesträume, die ihren Sinn offen zeigen

Doch nun zu den Träumen, die tatsächlich den Tod meinen. Häufig kleiden sie ihre Aussagen in symbolische Bilder, seltener verwenden sie eindeutige Zeichen des Todes: den Sarg, den Friedhof, den Leichenzug oder den Leichnam selbst. Während einer Krankheit hat ein Student einen solchen Traum, der ihm offenbar bedeutsam genug erschien, um ihn aufzuzeichnen und für den Fall seines Todes verschlossen aufzubewahren:

Traum 47

«Ich ging im Traume auf dem Halleschen schönen Kirchhof vor dem Galgtor spazieren. Die vielen Leichensteine und Epitaphien gefielen mir außerordentlich, ich besah eins nach dem anderen, las ihre Aufschriften und wollte mich endlich entfernen, als ich auf einen Leichenstein stieß, welcher mir besonders auffiel. Ich las nämlich mit größtem Erstaunen meinen eigenen Vor- und Zunamen darauf; aber noch bestürzter wurde ich, als ich sogar den Tag meines Todes darauf angezeigt fand. Es überfiel mich eine unbeschreibliche Angst, ich fing am ganzen Leibe zu zittern und zu beben an. Nur das Jahr meines Todes war mir nicht deutlich genug, der Leichenstein war hier und da mit Moos bedeckt, und einer von diesen Moosklumpen saß gerade auf der vierten Ziffer der Jahreszahl. Meine Neugierde, so ängstlich sie mich auch machte, trieb mich an, zur größten Gewissheit zu gelangen, ich wollte das Moos wegkratzen, um auch die vierte Ziffer kennen zu lernen – aber in diesem Augenblicke erwachte ich.»[38]

Der Student hatte beim Aufwachen das Gefühl, die vom Moos überwachsene letzte Ziffer der Jahreszahl sei diejenige des laufenden Jahres. Und der behandelnde Arzt bestätigte bei der

Veröffentlichung des Textes, dass der Student das tatsächliche Todesdatum geträumt habe.

Wie kommt ein solcher Traum zustande? Erstens hatte der schlafende Mensch ein feines und sicheres Gespür dafür, dass die Krankheit zum Tode führen werde; zweitens hat er richtig abgeschätzt, wie lange die Lebenskräfte noch reichen würden; und drittens hat er das Erlebnis dieses Zeitraumes in die Zahlensprache des Kalenders übertragen. Die Bilder von Buchstaben und Ziffern tauchen erst gegen Schluss der längeren Traumhandlung auf, also in der Nähe zum Wachbewusstsein. An dieser Stelle ist der Student auch nicht mehr der Traumhandlung ausgeliefert, sondern ergreift selbst Initiative. Er geht auf den Grabstein zu und kratzt an dem Moos. Dass der wichtigste Inhalt des Wahrtraumes, nämlich das Todesdatum, in bildhafter Form deutlich erscheint, beruht auf dem glücklichen Umstand, dass trotz der Nähe zum Aufwachen die bildschaffende Fähigkeit des Traumes unvermindert erhalten geblieben ist. Die Jahreszahl allerdings war nicht vollständig zu erkennen – was bei Träumen, die zukünftige Ereignisse betreffen, oft vorkommt: Inschriften sind an entscheidenden Stellen verwischt, ausgelöscht, verdeckt, oder sie erscheinen in irgendeiner anderen Weise rätselhaft. Was das Bild nicht eindeutig aussagt, kann während des Traumes oder beim Erwachen durch ein Gefühl oder durch eine Ahnung hinzugefügt werden. Auch das ist bei dem Studenten der Fall. Er hat die letzte Ziffer der Jahreszahl nicht gesehen, aber sein Gefühl beim Erwachen sagt ihm, dass das jetzige Jahr gemeint sei.

Die Traumlandschaft scheint weitgehend den Erinnerungen an das Tagesleben zu entsprechen. Und solange der Student den Friedhof durchwandert, liegt eine friedliche Stimmung über dem Traum. Erst als er den eigenen Grabstein entdeckt, wird die Dramatik des Traumes offenkundig: beim Lesen des Namens, dann des Todesdatums und schließlich bei der Suche nach der vierten Ziffer der Jahreszahl. Das Thema des Traumes ist selbstverständlich von Anfang an der nahende Tod. Zu Beginn, also in der Nähe des traumlosen Tiefschlafes, aus dem das Wissen um den nahenden Tod stammt, hat die Bilderwelt des Traumes einen mehr objektiven Charakter; gegen Ende, also in der Nähe zum egozentrischen Wachbewusstsein, ist der Student ganz persönlich angesprochen und erregt. In die bildhafte Formulierung des Trauminhalts mischt sich die bereits zum Wachbewusstsein gehörende Schrift. Jetzt tritt auch die Angst um das eigene Leben auf, die in der selbstvergessenen Phase des Traumes noch fehlte. Zwischen die beiden verschiedenartigen Teile des Traumes schiebt sich ein Motiv, das für echte Todesträume charakteristisch ist. Der Student wollte den Friedhof schon verlassen, als sein Blick auf den eigenen Grabstein fiel. Er will dem wesentlichen Inhalt des Traumes ausweichen und ist doch zu ihm hingezogen. Dieser Kontrast tritt nochmals auf, als Neugierde und Angst einander widerstreiten bei dem Versuch, das Moos abzukratzen. Zweimal siegt die Tendenz, das Wissen vom nahenden Tod anzunehmen. Und auch nach dem Aufwachen nimmt der Student den Traum immerhin so ernst, dass er ihn aufzeichnet und dafür sorgt, dass der behandelnde Professor ihn nach seinem Tod erhält, weil er «für die Wissenschaft vielleicht interessant» sei.

Jedoch: Wenn ein Schwerkranker das Datum seines kurz bevorstehenden Todes träumt, dann wird er an dem betreffenden Tage bestimmt in einer labilen Seelenverfassung sein, die eine gesundheitliche Katastrophe geradezu heraufbeschwört. War also, könnte man kritisch fragen, der nahende Tod die

Veranlassung zu dem Traum oder war der Traum die Ursache des Todes? Dieser Einwand ist nicht von der Hand zu weisen, doch es gibt Beispiele für Todesträume, die kaum Einfluss haben konnten auf das tatsächliche Todesdatum.

Als der sechsundachtzigjährige Dichter Ernst Moritz Arndt noch eine größere Arbeit begann, wurde er von einem Freund daraufhin angesprochen, dass er doch in seinem hohen Alter … Vergnügt entgegnete Arndt, er habe noch fünf Jahre Zeit, denn vor zwanzig Jahren habe er geträumt, dass er beim Gang über den Friedhof den eigenen Grabstein gesehen habe. Darauf stand der Name, darunter das Geburtsdatum, richtig angegeben, dann sei eine Zeile verwischt gewesen, und darunter habe er noch lesen können «im einundneunzigsten Jahre».[39] Niemand erhält die Kraft, einundneunzig Jahre alt zu werden, und schon gar nicht bei der geringeren Lebenserwartung im neunzehnten Jahrhundert, wenn er im beginnenden Alter träumt, er habe noch fünfundzwanzig Jahre vor sich. Wie aber ist dann die Entstehung eines solchen Traumes zu erklären?

Manche Menschen haben, oft schon in ihrer Jugend, ein deutliches Gespür dafür, ob sie einmal alt werden oder ob sie früh sterben werden. Dieses «Wissen» um die Lebensdauer beruht nicht auf einer Spekulation, es ist nicht gedanklich begründet und auch nicht begründbar. Es steigt aus der Tiefe der Seele auf, und es kann sich konkretisieren, zunächst indem der Mensch ein auffallendes Desinteresse an der Zukunft von einem bestimmten Zeitpunkt an zeigt, einfach weil er spürt, dass er nicht mehr dabei sein wird. Dieses Wissen kann auch formuliert werden. So berichtet Jehan Sadat in ihrer Selbstbiografie, dass sie einmal ihrem Mann Pläne für eine schöne Reise entwickelte, die sie gemeinsam unternehmen wollten, wenn er einmal als Präsident Ägyptens zurückgetreten sei.

Ihr Mann winkte ab, und sie spürte deutlich, dass er wusste, zu dieser Reise werde es nicht mehr kommen.[40]

Jeder Mensch, so könnte man sagen, trägt den Spannungsbogen seines Lebens in sich, ein Konzept, mit dem er den Lebensweg angetreten hat – ein Konzept allerdings, das durch Entscheidungen des Menschen selbst oder von außen her verändert oder gestört werden kann. Dieser Spannungsbogen des Lebens, der in jedem Menschen verborgen liegt, kann ins Bewusstsein heraufgehoben werden, in Ahnungen während des Tages oder im Bild während des Traumes. Dass dies am ehesten geschieht, wenn der Tod naht, ist wohl verständlich, denn Wahrträume beziehen sich meistens auf die nähere Zukunft. Die Todesträume treten nicht nur auf, wenn der Mensch krank ist, wenn er mit dem Tod immerhin rechnen muss, sondern auch, wenn der Tod ganz unerwartet eintritt, etwa durch einen Unfall oder bei Mord.

So hat der amerikanische Präsident Abraham Lincoln (1809 – 1865) kurz vor seinem Tode geträumt, er gehe durch das Weiße Haus und höre von ferne ein Wehklagen. Als er schließlich in den Empfangsraum kam, sah er dort eine Bahre. Der auf ihr liegende Leichnam war durch ein Tuch verdeckt. Als er die Soldaten, die Totenwache hielten, fragte, wer denn gestorben sei, erhielt er die Antwort: der Präsident, von einem Mörder getötet. Auch hier zeigt sich die zweifache Tendenz echter Todesträume, zu verbergen und zu offenbaren. Was das Tuch verhüllt, wird in den Worten der Soldaten deutlich ausgesprochen.[41]

Träume vom eigenen Tod müssen keineswegs schrecklich sein, sondern können die lichte Seite der nachtodlichen Welt zum Ausdruck bringen. Das schildert eine Amerikanerin in einem Brief an Elisabeth Kübler-Ross:

«Meine Tochter wachte an jenem Morgen zeitig auf, in einem Zustand, den ich nur als ‹äußerste Erregung› bezeichnen kann. Sie hatte diese Nacht in meinem Bett geschlafen, und ich wachte auf, als sie mich umarmte und aufrüttelte und zu mir sagte: ‹Mami, Mami, Jesus hat mir gesagt, dass ich in den Himmel komme! Ich freue mich auf den Himmel, Mama, es ist so schön dort, voll Gold und Silber und Glanz, und Jesus und der liebe Gott sind da.› Sie redete so schnell, dass ich ihr kaum folgen konnte. Fast euphorisch. Das erschreckte mich – zunächst weil es so merkwürdig war, so überraschend, es war ja nicht etwas, was man ein gewöhnliches Thema nennen könnte.
Am meisten beunruhigte mich ihre Erregung. R. war von Natur aus ein ruhiges, beinahe ein kontemplativ veranlagtes Kind, außerordentlich intelligent, kein ‹Wildfang›, der kindisch herumtollt, wie viele Vierjährige es tun. Sie war verbal außerdem sehr geschickt und konnte sich genau ausdrücken. Dass sie so aufgeregt war, dass sie stotterte und über ihre Worte stolperte, war sehr ungewöhnlich. Ich kann mich nicht erinnern, dass ich sie jemals in einem solchen Zustand gesehen hatte, weder zu Weihnachten noch zu Geburtstagen oder im Zirkus.
Ich sagte ihr, dass sie still sein, langsamer sprechen und nicht so reden sollte (größtenteils wegen einer abergläubischen Angst meinerseits).

Ich hatte so ein ‹Gefühl› seit ihrer Geburt, dass sie irgendwie nicht lange bei mir bleiben würde (das sagte ich niemandem außer einer vertrauten Freundin). Ich wollte nicht daran erinnert werden, ich wollte sie nicht davon reden hören, schon gar nicht in dieser plötzlichen, unvermittelten wilden Art. Sie hatte nie vorher, höchstens ganz abstrakt, vom Sterben oder von ihrem Tod gesprochen.
Es gelang mir nicht, sie zu beschwichtigen. Sie redete unentwegt weiter und erzählte mir von ‹dem schönen goldenen Himmel, mit den wunderbaren goldenen Dingen und goldenen Engeln und Diamanten und Edelsteinen, Mutter›. Und wie glücklich sie dort sein würde und wie viel Spaß sie dort hätte, und wie Jesus es ihr wirklich gesagt hätte. Sie sprach so emphatisch, so aufgeregt, dass es schwer war, ihr zu folgen. Ich erinnere mich mehr an die Art und den Inhalt dessen, was sie sagte, als an tatsächliche Worte, außer an einige wenige.
Ich sagte: ‹Liebling, warte noch ein bisschen, beruhige dich› und bat sie zurückzukommen. ‹Wenn du in den Himmel kommst, dann werde ich dich vermissen, Liebling. Und ich bin froh, dass du so schön geträumt hast, aber jetzt reden wir einmal ganz langsam und sind eine Minute ruhig, ja?› Es nützte nichts. Sie sagte: ‹Es war kein Traum, es war echt.›»[42]

Dass dieses vierjährige Kind bisher kaum und dann nur ganz allgemein vom Tod gesprochen hat, ist nicht erstaunlich, das Thema spielt in diesem Alter meistens noch keine Rolle. Dass auch jetzt nicht von der Not des Sterbens die Rede ist, wird aus dem glücklichen Stimmungshintergrund des Traumes verständlich. Erstaunlicher ist, dass das Kind weder beim Aufwachen noch beim Erzählen des Traumes noch bei der zurückhaltenden Reaktion der Mutter an Trennung und Abschied denkt. Der Inhalt des Traumes muss so eindrucksvoll gewesen sein, dass er das Empfinden eines Verlustes gar nicht aufkommen ließ.

Das Kind versteht offenbar, was die Mutter meint, wenn sie von einem Traum, der nur Traum ist, spricht. «Es war kein Traum, es war echt», entgegnet die Tochter. Es ist ja kennzeichnend für Wahrträume, dass sie ein Gewissheits-Erlebnis hinterlassen, dass wir beim Aufwachen wissen, der Traum wollte uns etwas Wesentliches sagen, was wir im Tagesbewusstsein noch nicht kennen. Der Wahrtraum sagt, was wirklich ist oder sein wird. Das Kind formuliert einfacher: Das Erlebte war echt. Und es war wunderschön. Das Kind hat eine Welt, die aus Licht gewoben ist, geschaut, aus Gold und Silber. Das Licht des Himmels verdichtet sich offenbar zu einer Gestalt, die zu dem Kind sagt, es werde in diese Welt kommen. Das Kind hat also den Traum so verstanden, dass es in naher Zukunft dorthin kommt, wo Jesus ist. Und das ist ein großes Glück, an dem die Mutter teilhaben soll, indem das Kind sie umarmt und weckt. Die Mutter hat wohl ihre Tochter nicht gefragt, woher sie wusste, dass es Jesus war, der zu ihr gesprochen hat. Aber aus vielen anderen Berichten ist bekannt, dass Menschen nahe der Todesschwelle oft eine Lichtgestalt sehen, der dann auch ein Name gegeben wird: ein Engel, Christus oder Gott. Genauer müsste man formulieren: Der Sterbende sieht eine Lichtgestalt und weiß mit Sicherheit, dass sie nicht ein Mensch, nicht ein lebender oder ein verstorbener, sondern ein übermenschliches Wesen ist. Und der Sterbende müsste hinzufügen, so erhaben habe er sich immer einen Engel oder Christus vorgestellt. Der Name kommt also nicht aus der Schau, sondern aus den gewohnten Vorstellungen des Sterbenden.

Die Mutter ist betroffen von dem Bericht ihres Kindes, denn sie «weiß» ja seit dessen Geburt, dass es früh sterben wird. An dieses «Wissen» aber möchte sie nicht erinnert werden. Den Bericht ihrer Tochter muss sie nun als Bestätigung ihrer Ahnung empfinden und wehrt sich deshalb gegen den Ernst der Erzählung. Vor allem, weil sie versteht, dass die ungewohnte Seelenverfassung und Sprache des Kindes das Gewicht der Aussage unterstreicht. Wenige Stunden später wurde das Kind ermordet.

Im Rückblick fügt die Mutter hinzu: «Ich persönlich glaube nicht, dass Menschen in die Zukunft blicken können – die Gesetze der Physik lassen sich nicht beugen. Es war nicht möglich, dass R. wusste, dass sie ‹in den Himmel kommen› würde». Und doch war es so.

Solche Träume können nicht nur für den Sterbenden, sondern vielleicht auch für die Hinterbliebenen viel bedeuten.

Ebenso lichtvoll wird der Tod im Traum eines anderen jungen Menschen dargestellt, der einige Zeit später ermordet wurde:

Traum 49

Am 2. April nachts hatte ich einen Traum, als
hätte ich wirklich einen Mann gesehen, er hat
ein weißes Tuch um den Leib hängen, seine
Hände und Füße waren bloß, und wunderschön

> hatte er ausgesehen. Dann reichte er mir die Hand mit etwas, das einem Kranz gleicht, dann sagte er mir, ich solle ihn nehmen; dann wollte ich ihn nehmen; dann gab er mir zur Antwort, in vierzehn Tagen musst du sterben; dann gab ich ihm zur Antwort, ich mag noch nicht sterben, weil ich nicht lange auf der Welt bin, und nahm den Kranz nicht, als er mir zur Antwort gibt: es ist desto besser. Dann stand er eine Zeitlang vor mir; als ich den Kranz nicht nahm, ging er rückwärts gegen den Tisch zu, legte ihn auf den Tisch; sobald er ihn auf den Tisch gelegt hatte, stand ich auf, und als ich näher kam, hatte er einen herrlichen Glanz bekommen. Da nahm ich ihn und ging auf mein Bett zu, als ich näher dem Bett zu kam, bekam er immer einen stärkeren Glanz, dann sagte ich: ich will sterben; dann war er fort; ich wollte in das Bett hineinsteigen, dann wurde ich wach.»[43]

Der Träumer ist Kaspar Hauser. Wie im vorausgehenden Traum tritt eine Gestalt auf, die den nahenden Tod ankündigt. Ein Name wird ihr nicht gegeben, aber ihre Erscheinung zeigt, dass sie nicht ein Erinnerungsbild aus dem Tagesleben ist. Das weiße Gewand tritt oft in Visionen und Träumen von geistigen Wesen auf. Die bloßen Füße und Hände wurden offenbar als ausdrucksvoll erlebt, vielleicht sind sie, wie häufig in mystischen Erfahrungen, das Bild für die unmittelbare Zuwendung des geistigen Wesens an den schauenden Menschen. Das «wunderschöne» Aussehen des Mannes unterstreicht noch einmal den überirdischen Charakter der Erscheinung.

Im Allgemeinen wechseln die Bilder während eines Traumes, der Kranz aber, den der Mann bringt und der ja die eigentliche Hauptperson der Handlung ist, liegt eine lange Zeit still in der Hand des Mannes und dann auf dem Tisch. Er ist nicht in eine äußere Handlung einbezogen, sondern wandelt sich aus der Tiefenschicht seiner selbst. Der Glanz, der von innen her allmählich aufsteigt, zeigt anschaulich, dass Wahrträume aus einer anderen Dimension kommen als die träumerischen Nachklänge des Alltags. Die Weisheit des Tiefschlafs dringt durch das Traumbild hindurch.

Geht man dem Handlungsverlauf nach, so zeigt er einen merkwürdigen Duktus. Ein ungewöhnlich gekleideter, offenbar fremder Mann erscheint und reicht dem Träumer einen Kranz. Dann erfolgt ein Unterbruch, indem der Träumer vor eine Entscheidung gestellt wird. Als dieser nach dem Kranz greifen will, erfährt er, dass er innerhalb von vierzehn Tagen sterben müsse. Dagegen wehrt sich der Träumer, und durch diese Entscheidung erhält der Handlungsverlauf eine neue Richtung. Der Mann verschwindet oder tritt jedenfalls zurück und akzeptiert offenbar die Entscheidung des Träumers. An dieser Wendung sind zwei Motive auffallend. Es wird während des Traumes ausgesprochen, was der Traum bedeutet, und der Träumer ist dem Verlauf des Traumes nicht mehr ausgeliefert, sondern greift bestimmend in die Handlung ein. Dass Gedanken und Initiative im Traum auftreten, ist zwar nicht selten, aber das geschieht meistens in der Nähe des Wachbewusstseins. Hier nicht. Die Traumhandlung ist noch in voller Entfaltung, sie strebt erst ihrem Höhepunkt zu, der erreicht wird, als der Kranz auf dem Tisch liegt und zu leuchten beginnt. Der Gehalt des Traumes wird nicht in einer Besinnung, in einer Distanzierung von der Handlung gefunden, wie dies für die Nähe zum Wachbewusstsein charakteristisch wäre, sondern der Sinn des Traumes wird durch die Aussage des Mannes offenbart. Die Initiative richtet sich zwar zunächst gegen den intendierten Handlungsverlauf, was sonst für die Nähe zum Wachbewusstsein charakteristisch ist, und sie tut das sogar mit einem Argument, das ganz folgerichtig aus dem egozentrischen Selbstverständnis des wachen Menschen hervorgeht; aber die getroffene Entscheidung wird während des Traumes geändert. Dass der Träumer den eigenen Tod schließlich akzeptiert, gibt dem Traumverlauf nochmals eine neue Richtung, und diese zweite Wendung geht nicht aus dem Widerstand gegen den intendierten Traumverlauf hervor, sondern stellt den Einklang mit ihm wieder her. Das Bild des leuchtenden Kranzes wirkt auf den Träumer so überzeugend, dass er seine Botschaft annehmen kann. Das Bild sagt, dass der Träumer wie ein Sieger bekränzt sein wird, wenn dieses Erdenleben zu Ende ist. Hier geht die Initiative aus der Offenbarung hervor, nicht mehr aus dem Widerstand gegen die Bedrohung der Existenz. Dass «gedankliches» Verständnis und Initiative auftreten, beruht in diesem Fall nicht auf der Nähe zum Wachbewusstsein, sondern erfolgt aus der Tiefenschicht der Persönlichkeit, aus dem Einklang des eigenen Willens mit dem Schicksal. Es spricht der Kern der Persönlichkeit, der dann hervortritt, wenn der Mensch ganz mit sich selbst einig ist und ja zum Tode sagen kann, wenn dieser zur rechten Zeit, also im Sinne des biographischen Konzepts eintritt.

Als der Träumer dieses Ja gesagt hat, ist der Höhepunkt und damit auch der Schlusspunkt der Handlung erreicht. Es gibt nichts hinzuzufügen, und damit erschöpft sich die bildschaffende Kraft des Traumes.

Auch der Tod nahe stehender Menschen kann vorausgeträumt werden, und auch hierbei können die Bilder offen aussprechen, was sie meinen.

Traum 50

> Eine Mutter träumt, sie sei mit ihren beiden Kindern auf einem Ausflug zu Schiff unterwegs. Der Himmel ist strahlend blau, das Schiff mit Blumen geschmückt, und alle sind in einer freudigen Stimmung. Da bezieht sich der Himmel, ein Unwetter zieht herauf. Als der Sturm hereinbricht, hat sich das bergende Schiff in ein offenes Floß verwandelt. In dem schwankenden Seegang fallen beide Kinder ins Wasser. Die Mutter stürzt in Verzweiflung an den Rand des Floßes und kann eines der Kinder noch ergreifen, ohne zu wissen, welches. Der Traum wiederholt sich in den folgenden Wochen mehrmals. Die Mutter, die wieder schwanger ist, ist sehr beunruhigt und konsultiert den Hausarzt. Dieser beruhigt die Frau und erklärt, Wasserträume seien typische Schwangerschaftsträume. – Während des vorletzten Schwangerschaftsmonats erkranken beide Kinder, die sechs und knapp zwei Jahre alt sind, an Diphtherie, das jüngere stirbt einige Tage nach Ausbruch der Krankheit.

Die Landschaft am Beginn des Traumes spiegelt die glückliche Stimmung, in der die junge Frau lebt. Das heraufziehende Unwetter ist im Tagesbewusstsein noch nicht spürbar, aber die gesundheitliche Schwäche des jüngeren Kindes, das wenig später an der Diphtherie stirbt, wird von der Mutter, die während der Schwangerschaft besonders sensibel gewesen sein mag, schon empfunden und im Traum verbildlicht. Der Umschlag des Wetters lässt aus dem bergenden Schiff das offene Floß werden. Auf ihm sind Mutter und Kinder dem hereinbrechenden Schicksal preisgegeben. In dem starken Seegang, der die Erschütterung der bisherigen Lebenssituation anzeigt, stürzen beide Kinder ins Wasser, wie ja auch tatsächlich beide dann erkranken.

Dass die Mutter in Sorge ist, es handle sich um einen Wahrtraum, der den Verlust eines der Kinder ankündigt, ist leicht verständlich. Der Hausarzt geht in seiner Deutung von einem einzelnen Bild aus, dem Wasser. Er hat recht mit seiner Aussage, dass Wasserträume typische Schwangerschaftsträume seien. Das zentrale Motiv des Traumes ist jedoch nicht eine Wasserflut oder das Treiben auf einer großen Wasserfläche, sondern das Wasser raubt der Mutter ihre Kinder. Die drohende Gefahr könnte in einem ganz anderen Bild erscheinen: in einem Sturm, in einem Erdrutsch oder in einer Menschenmenge. Es handelt sich also nicht um das Wassermotiv des typischen Schwangerschaftstraums, sondern eindeutig um das Verlustmotiv.

Dabei bringt der Traum eine erstaunliche Aussage: Die Mutter rettet eines der Kinder, weiß aber nicht, welches. Ist es denn denkbar, dass die Mutter nicht spürt, welches ihrer Kinder sie im Arm hält? Noch nicht einmal, ob sie ein knapp zweijähriges oder ein sechsjähriges Kind umfasst? Hier zeigt sich die Tendenz vieler Todesträume, eine für uns wichtige Tatsache zu verschleiern. Die Frau träumt nicht, dass sie irgend ein Kind umfasst, sondern sie weiß sicher, dass es eines ihrer beiden Kinder ist. Das Traum-Erlebnis ist also durchaus konkret – und trotzdem kann die Mutter ihre beiden so verschiedenaltrigen Kinder nicht unterscheiden. Offensichtlich also hat der Dramatiker der Traumhandlung einen Teil seines Wissens um den nahenden Kindestod ausgelöscht, ehe die Formulierung dieses Wissens in den Bildern des Traumes begann – wie der Dramatiker der Traumhandlung über der vierten Ziffer der Jahreszahl (im Traum 47) ein Moospolster wachsen ließ, das einen wichtigen Teil des Wissens verdeckte.

Noch deutlicher ist das Thema des Todes formuliert in einem Traum des fünfjährigen Friedrich Nietzsche, den er kurz nach dem Tode seines Vaters hatte:

TRAUM 51

> «In der damaligen Zeit träumte mir einst, ich hörte in der Kirche Orgelton wie bei einem Begräbnis. Da ich sah, was die Ursache wäre, erhob sich plötzlich ein Grab und mein Vater im Sterbekleid entsteigt demselben. Er eilt in die Kirche und kommt in kurzem mit einem kleinen Kind im Arm wieder. Der Grabhügel öffnet sich, er steigt hinein, und die Decke sinkt wieder auf die Öffnung. Sogleich schweigt der rauschende Orgelschall und ich erwache. – Den Tag nach dieser Nacht wird plötzlich Josephchen unwohl, bekommt die Krämpfe und stirbt in wenigen Stunden. Unser Schmerz war ungeheuer. Mein Traum war vollständig in Erfüllung gegangen. Die kleine Leiche wurde auch noch in die Arme des Vaters gelegt.»[44]

Man würde, wenn der weitere Verlauf der Ereignisse nicht bekannt wäre, den Traum nicht mit Sicherheit als Vorausschau auf den Tod eines weiteren Familienangehörigen deuten können. Das Todesmotiv ist durch das Ableben des Vaters allzu nahe liegend. In dem kleinen Kind, das der Vater ins Grab holt, könnte Friedrich Nietzsches eigene Sehnsucht nach dem Verstorbenen gesehen werden. Andererseits darf der Traum sicher nicht als Bestätigung der volkstümlichen Aussage verstanden werden, ein verstorbener Elternteil hole manchmal eines der Kinder nach.

Für den fünfjährigen (und oft auch für den erwachsenen) Träumer erscheint die Welt des Todes personifiziert in der Gestalt eines nahe stehenden Verstorbenen. Hier greift der Tod nach einem Kind, offenbar ohne dass Friedrich Nietzsche während des Traumes oder nach dem Erwachen bemerkt, wer dieses Kind ist. Erst am folgenden Tag versteht er den Sinn des Traumes, als der Bruder unerwartet stirbt. Ebenso wie im vorausgehenden Traum ist die tödlich verlaufende Erkrankung des Kindes nicht Zukunft, sondern schon Gegenwart, die von den Familienangehörigen am Tage allerdings noch nicht bemerkt wird.

Dass die Bilder von Orgelmusik, Grab und Sterbekleid auftreten, ist wohl leicht verständlich, weil Friedrich Nietzsche kurz zuvor beim Tod des Vaters diese Bilder vor Augen hatte und weil sie nachhaltig im Gemüt fortwirkten. Aber der Traum unterscheidet sehr fein die bereits vertrauten von den neuen Bildern. Der Träumer scheint gar nicht überrascht zu sein darüber, dass er sich in oder vor der Kirche befindet, aber darüber, dass in der Kirche Orgelmusik wie bei einem Begräbnis zu hören ist. Diese hat Friedrich Nietzsche wenige Tage zuvor bei der Bestattungsfeier für den Vater wohl gehört. Jedenfalls ist ihm im Traume sogleich deutlich, dass sie Teil einer solchen Feier ist. Aber er geht, um nach deren Ursache zu suchen. Die Komposition der Traumhandlung zeigt also deutlich, dass es sich hier nicht um ein bloßes Erinnerungsbild handelt, sondern dass ein Ereignis sich ankündigt, das noch nicht bekannt ist. Und nun vermischen sich vertraute und neue Motive: Dass das Grab sich öffnet, ist sicher unerwartet, dann taucht die bekannte Gestalt des Vaters auf, dann ist sicher wieder unerwartet, dass er mit einem Kind im Arm zurückkehrt. Der Vater wird erkannt, nicht aber das Kind. Wie so oft, verschleiert der Todestraum etwas, was wir nach dem Erwachen gerne wissen würden. Nachdem der Träumer Zeuge dieser Handlung gewesen ist, hat er offenbar erfahren, was der Traum aussprechen wollte, und in diesem Augenblick verstummt die Orgelmusik, Friedrich Nietzsche erwacht.

Dass der Traum den Tod eines nahe stehenden Menschen nicht in einem Bild, sondern in einer Gewissheit ankündigen kann, berichtet Eduard Mörike:

Traum 52

«Kurz vor den Christfeiertagen des Jahres 1833 träumte mir, ich befinde mich in einem kleinen, völlig leeren Zimmer; die Wände waren weiß getüncht und kahl; nur sah ich auf einer derselben einen Kalender in Form eines einfachen Folioblatts angebracht. Die Schrift war allenthalben wie in weißen Nebel aufgelöst und nichts zu unterscheiden bis auf eine Stelle, wo zwei auf einander folgende Tage, der eine schwarz, der andere rot gedruckt, stark hervortraten. Der erstere war deutlich als der 24., ohne weitere Bezeichnung, der zweite weniger bestimmt angegeben, doch zeigte die Farbe offenbar einen

> Sonn- oder Feiertag an. Ich stand dicht vor dem Blatt und war im Hinsehen auf die schwarze Zahl sogleich von Schmerz ergriffen, denn alsbald wusste ich, dass mir jemand an diesem Tage sterben würde. Irgend eine bestimmte Person schwebte mir nicht entfernt dabei vor. Allein am 26. Dezember erhielt ich ein Schreiben aus Stuttgart mit der Nachricht, dass mein Oheim D. M. daselbst am Vorabend des Christfests, den 24., auf der Straße von einem Hirnschlag getroffen und wenige Minuten darauf in einem fremden Haus gestorben sei.»[45]

Wiederum handelt es sich um einen kurz bevorstehenden Tod, der in der Schwäche der körperlichen Konstitution sicher schon vorbereitet ist. Und wiederum wird vom Traum verschleiert, wer es ist, der sterben wird. Das Bild des völlig leeren und weiß getünchten Zimmers zeigt, dass es sich nicht um eine nachklingende Erinnerung handelt, sondern dass der Dramatiker der Traumhandlung schon durch die Bildgestaltung seine ungewöhnliche Aussage kennzeichnen will. Der Blick wird ganz auf das Wesentliche, auf das Kalenderblatt, konzentriert, und auf dem Kalenderblatt wiederum wird der Blick auf das Unwesentliche verschleiert und auf die beiden Zahlen konzentriert. Sicher hat der wachende Eduard Mörike kurz vor Weihnachten in dem Bewusstsein gelebt, dass der 24. Dezember ein auf dem Kalender schwarz gekennzeichneter Werktag, der folgende 25. Dezember ein rot gekennzeichneter Feiertag ist. Das Bild dieser Zahlen aber sagt durch sich selbst noch nichts über den Sinn des Traumes aus. Und doch weiß Eduard Mörike schon während des Traumes, nicht erst im Nachdenken am Tage, was am 24. Dezember geschehen wird. Das Wissen des Schlafes taucht in zwei Schritten auf: Als der Träumer auf die schwarze Zahl blickt, wird er «von Schmerz ergriffen», und dann wird der Grund des Schmerzes bewusst. Woher dieses Wissen stammt, wird aus der Traumhandlung selbst nicht deutlich. Es ist also offensichtlich schon vorhanden, als der Traum beginnt. Was der Student im Anblick seines eigenen Grabsteins (im Traum 47) erfährt, weiß Mörike schon, als er auf den Kalender blickt. Er wird durch den Anblick des Kalenders an dieses Wissen erinnert. Es ist also hier noch deutlicher als beim Traum des Studenten, dass dieses Wissen aus der Welt des Tiefschlafs mitgebracht wird. Beim Traum des Studenten war dargestellt worden, dass dieses Wissen auf einer dreifachen Leistung des schlafenden Menschen beruhte: Er hat verstanden, dass seine Krankheit zum Tode führt, er hat richtig abgeschätzt, wie lange die Lebenskräfte noch reichen, und er hat dieses Wissen in die Zahlensprache des Kalenders übersetzt. Das lässt sich bei Eduard Mörike ebenso verstehen, nur treten die beiden ersten Leistungen nicht mehr in die Bilderwelt des Traumes ein, sondern nur das Ergebnis der dritten Leistung. Es ist ja kaum denkbar, dass Eduard Mörike während des Tiefschlafs von irgendwo her das Wissen erhalten habe, dass irgend ein ihm nahe stehender Mensch am 24. Dezember sterben werde. Man muss vielmehr annehmen, dass in der tiefschlafenden Verbundenheit mit dem Angehörigen Eduard Mörike sehr wohl «gewusst» hat, um wen es sich handelt, dass aber beim Übergang in den Traum dieses Wissen verschleiert wurde. Fasst man den Vorgang so auf, dann wären die Nebelschleier oder Moosklumpen auf Grabsteinen nicht zufällig undeutliche Stellen, sondern eine gewollte Verschleierung dessen, was der Mensch im Wachbewusstsein allzu gerne wissen möchte, was aber der tiefschlafende Mensch nicht oder noch nicht dem Wachbewusstsein übermitteln will. Der sechsundsechzigjährige Ernst Moritz Arndt erhielt das beruhigende Wissen, dass er noch ein Vierteljahrhundert zu leben hatte, und für dieses Wissen spielte die Kenntnis des genauen Todesdatums keine Rolle. Der Student erfuhr sein genaues, nahe bevorstehendes Todesdatum, die Gewissheit über die Jahreszahl aber wurde nicht durch das Bild, sondern nur durch das Gefühl vermittelt. Der Traum ließ die Möglichkeit offen, dem Wissen auszuweichen. Der träumende Eduard Mörike bedient sich des gleichen Mittels der undeutlichen Schrift, aber nicht um zu verschleiern, sondern um den Blick von dem Unwesentlichen abzulenken. Aber es handelte sich ebenfalls um eine gewollte Eingrenzung. Das Bild des Kalenders wurde selbstverständlich von dem Gedächtnisträger angeboten, die einengende Veränderung des Bildes ist eine Leistung des Dramatikers der Traumhandlung. In ihm muss die Instanz gesehen werden, die das Wissen aus dem Tiefschlaf übermittelt oder auch eingrenzt.

Das wird durch eine andere Eigentümlichkeit im Traum Eduard Mörikes noch einmal betont. Das Bild der Zahl 24 hat durch sich selbst mit dem Thema des Todes ja nichts zu tun. Aber im Blick auf diese Zahl weiß der Träumer, dass an diesem Tage ein ihm nahe stehender Mensch sterben wird. Mörike schildert genau, dass ein Gefühl, der Schmerz, auftritt, und dieses Gefühl enthält das Wissen – wie der Student durch sein Gefühl wusste, es handele sich bei der verdeckten Ziffer auf dem Grabstein um die Bezeichnung des laufenden Jahres. Diese Sicherheit des Gefühls kann ja nur auf der Verbundenheit mit Tatbeständen beruhen, die dem Menschen nicht aus dem Leben im Wachbewusstsein, sondern nur aus einer anderen Welt, also aus derjenigen des Tiefschlafs, vertraut sind. In der Form des Gefühls, das dem Dramatiker der Traumhandlung so nahe liegt, wird das Wissen des Wahrtraums aus dem Tiefschlaf in den Traum und von dort vielleicht in das Wachbewusstsein hinübergetragen. Während des Traumes wird es mehr oder weniger verbildlicht, im Fall Eduard Mörikes nur in der Zahl auf dem Kalender, während der wesentliche Teil des Traumgehalts in bildloser Form verbleibt.

Das Wissen um den nahenden eigenen Tod oder den Tod eines nahe stehenden Menschen bricht oft ohne erkennbaren äußeren Anlass durch. Ein eindrucksvolles Beispiel schildert Elisabeth Kübler-Ross aus ihrer Praxis:

TRAUM 53

«Eine Mutter hatte eben entbunden und war glücklich eingeschlummert. Und dann wachte sie auf. Sie hatte einen furchtbaren Traum, oder war es kein Traum? Sie rief nach der Schwester und fragte in panischer Angst, wie es ihrem Kind gehe. Alles in bester Ordnung. Und nach wenigen Tagen konnte sie voll Freude nach Hause zurückkehren. Nur wirkte das Baby etwas schwerfällig und hatte wenig Appetit. Schon am folgenden Tage bemerkten die Eltern kleine rote Tupfen an Armen und Beinen und kehrten zur Klinik zurück. Dort starb der Junge an einer Infektion, ehe er noch eine Woche alt war.»[46]

Solche Todesahnungen treten ähnlich wie Träume auf, der Mensch hat das Gefühl – oder das sichere Wissen, es sei nicht ein Traum gewesen, sondern mehr. Aus diesem Wissen wird die Panik verständlich, die weder in der gegenwärtigen Situation noch im Charakter des betreffenden Menschen begründet ist.

Träume zeigen nicht immer eindeutig, ob der eigene Tod oder der Tod eines nahe stehenden Menschen gemeint ist.

TRAUM 54

> Im Traum blicke ich lange und ruhig auf einen vor mir liegenden Leichnam hin. Zunächst meine ich, dass ich selbst es bin, der im Sarge ruht. Dann, kurz vor dem Erwachen, noch im Traum, sage ich vor mich hin: So sehe ich doch gar nicht aus, vor allem habe ich doch gar nicht eine so stark vorspringende Nase. Den Tag über habe ich an den Traum nicht mehr gedacht, am Abend stand ich am Sarg eines Freundes, der wenige Stunden vor dem Traum gestorben war. Als ich ihn anschaute, hatte ich nicht das Gefühl, das Antlitz im Traum so gesehen zu haben, aber mir fiel auf, dass die Nase markanter hervortrat, als dies im Leben der Fall gewesen war.

Nach dem Erwachen hatte ich den Eindruck, dass der Traum mir etwas sagen wollte, was ja für Wahrträume charakteristisch ist, was zu deren Nachstimmung gehört. Aber ich fand keinen Ansatzpunkt zum Verständnis des Traumes und gab das Nachdenken bald auf. Als ich am Nachmittag die Todesnachricht erhielt, brachte ich sie noch nicht mit dem Traum in Beziehung. Erst als ich den Toten sah, tauchte die Erinnerung an das geträumte Bild wieder auf, und zwar wegen der eindrucksvollen Nasenform. Das Bild im Traum war keineswegs verschwommen, sondern recht deutlich gewesen, und der Blick hatte auch intensiv auf ihm geruht. Und doch habe ich das Gesicht nicht erkannt, weder im Traum noch nach dem Erwachen. Wie oft bei Todesträumen ist etwas verborgen gewesen, was für den wachen Menschen besonders wichtig wäre zu wissen: Wer ist der Tote? In diesem Falle wird sogar zweimal verdeckt. Ich meine zunächst, mich selbst im Sarge liegen zu sehen, doch dieser Schleier wird noch während des Traumes weggezogen, indem ich erkenne, dass der Tote ganz anders aussieht als ich selbst. Der letzte Schleier vor der Identität des Toten wird jedoch nicht weggezogen. Der Todestraum verheimlicht, und zugleich spricht er offen und konkret aus, welches Thema mir am kommenden Tage begegnen wird. Ich wusste, dass der Freund unheilbar krank war, ahnte aber nicht, wie nahe der Tod bevorstand. Die Todesnachricht traf mich völlig unerwartet. Ganz sicher hat also nicht eine am Tage gehegte Befürchtung sich im Traum zum Bild verdichtet, sondern das Wissen brachte ich offensichtlich aus dem Tiefschlaf mit – aus der Verbundenheit mit diesem Menschen, die mich, wissend-unwissend, an dem teilnehmen ließ, was geschah.

Eines der bewegendsten Beispiele für die Vorausschau eines Todes ist der Traum, den Josef Lanyi, der Bischof von Großwardein, am Morgen des 28. Juni 1914 hatte. Lanyi war der Lehrer des österreichischen Thronfolgers, des Erzherzogs Franz Ferdinand, gewesen und diesem auch weiterhin freundschaftlich verbunden.

Traum 55

«Am 28. Juni 1914, einviertel vier Uhr früh,
erwachte ich aus einem schrecklichen Traum.

Mir träumte, dass ich in den Morgenstunden an meinen Schreibtisch ging, um die eingelangte Post durchzusehen. Ganz oben lag ein Brief mit schwarzen Rändern, schwarzem Siegel und dem Wappen des Erzherzogs. Sofort erkannte ich dessen Schrift. Ich öffnete und sah am Kopf des Briefpapiers in himmelblauem Ton ein Bild wie auf Ansichtskarten, welches eine Straße und eine enge Gasse darstellte. Die Hoheiten saßen in einem Automobil; ihnen gegenüber ein General, neben dem Chauffeur ein Offizier. Auf beiden Seiten der Straße eine Menschenmenge. Zwei junge Burschen springen hervor und schießen auf die Hoheiten. Der Text des Briefes ist wörtlich derselbe, wie ich ihn im Traume gesehen: ‹Euer bischöfliche Gnaden! Lieber Dr. Lanyi! Teile Ihnen hiermit mit, dass ich heute mit meiner Frau in Sarajewo als Opfer eines Meuchelmordes falle. Wir empfehlen uns Ihren frommen Gebeten … Herzlichst grüßt Sie Ihr Erzherzog Franz, Sarajewo, 28. Juni 1914, einviertel vier Uhr morgens.› Zitternd und in Tränen aufgelöst sprang ich aus dem Bett, sah auf die Uhr, die einviertel vier Uhr morgens zeigte. Ich eilte sofort zum Schreibtisch, schrieb nieder, was ich im Traum gelesen und gesehen hatte. Beim Niederschreiben behielt ich sogar die Form einiger Buchstaben, wie sie vom Erzherzog niedergeschrieben waren, bei. Mein Diener trat denselben Morgen dreiviertel sechs Uhr in mein Arbeitszimmer ein, sah mich blass da sitzen und

> den Rosenkranz beten. Er fragte, ob ich krank sei. Ich sagte: ‹Rufen Sie sofort meine Mutter und den Gast, ich will gleich die Messe für die Hoheiten lesen, denn ich hatte einen schrecklichen Traum.› Dann ging ich mit ihnen in die Hauskapelle. Der Tag verging in Angst und Bangen, bis ein Telegramm um einhalb vier Uhr die Nachricht von der Ermordung brachte.»[47]

Noch bevor das Ereignis bekannt war, ließ der Bischof den Bericht von zwei Bürgen unterschreiben und fertigte eine Skizze vom Ort des Geschehens an. Den Bericht und die Skizze sandte er auch an seinen Bruder, den Jesuitenpater Eduard Lanyi. Die Skizze stimmte genau mit dem Foto überein, das die Presse wenige Tage später vom Ort des Geschehens brachte.

Wie ist es möglich, dass ein Mensch mit solcher Genauigkeit ein Ereignis vorausträumt? Zunächst ist zu bedenken, dass der Bischof selbstverständlich um die Fahrt des Thronfolgers nach Sarajewo wusste und dass man allgemein von den Gefahren sprach, die mit dem Besuch des Thronfolgers in Bosnien-Herzegowina verbunden waren, das Österreich-Ungarn sechs Jahre zuvor annektiert und damit den Zorn der Serben erregt hatte, die auch Anspruch auf dieses Gebiet erhoben. Mit einem Attentatsversuch durch serbische Nationalisten musste also gerechnet werden. Dass die Sorge des Bischofs um das Leben des Thronfolgers sich zu dem Bild eines Attentats, auch eines gelingenden Attentats, verdichtet, ist also durchaus nahe liegend. Der Traum schildert oft als Tatsache, was bisher nur als Möglichkeit in der Luft liegt.

Dass der Thronfolger im offenen Wagen durch die Stadt

fährt, dass seine Frau neben ihm sitzt, dass ein hoher Offizier sie begleitet – das sind gewohnte Bilder. Aber all das erklärt nicht, weshalb der Bischof mit solcher Genauigkeit das Stunden später eintreffende Ereignis vorausträumen kann. Mit dem Thronfolger war der Bischof freundschaftlich verbunden, und es gibt viele Belege dafür, dass jemand die Erlebnisse, die ein nahe stehender Mensch durchmacht, vor allem in Lebensgefahr, gleichzeitig oder in der kommenden Nacht träumt, so genau und konkret, als ob der Träumer Augenzeuge gewesen sei. Aber hier handelt es sich um ein künftiges Ereignis, und es ist ganz unwahrscheinlich, dass der Erzherzog sich Bilder von den Straßen, durch die er in Sarajewo fahren würde, intensiv angeschaut hat. Eine Art «Gedankenübertragung» vom Thronfolger auf den Bischof scheidet als Erklärung aus. Sehr intensiv und konkret haben sich aber sicher die Attentäter mit der Situation gedanklich beschäftigt, und gewiss auch mit der Person des Opfers. Hass schafft eine intensive Verbindung, die in den Schlaf mitgenommen wird. Und auf dem Umwege über den Erzherzog haben die Mordgedanken offenbar auch den schlafenden Bischof erreicht und sich in den Traumbildern mit erstaunlicher Genauigkeit widergespiegelt und mit ebenso erstaunlicher Genauigkeit in die Erinnerung nach dem Erwachen hinübergerettet.

Dieses Beispiel bestätigt die im vorigen Kapitel vertretene These, dass Wahrträume nicht aus einem persönlichen oder kollektiven Unbewussten aufsteigen, sondern ihre Weisheit aus der Welt des Tiefschlafs mitbringen. Denn das Wissen kann nur aus der (indirekten) Verbindung des Bischofs mit den Attentätern stammen. Eine solche Verbindung ist aber nur in dem selbstvergessenen Tiefschlaf denkbar, nicht im Traum, wenn die Seele in ihren eigenen Bildern lebt.

Dass der Traum den Bischof in Angst und Bangen versetzt hat, ist verständlich, auch dass er für den Thronfolger betet und dass er eine Messe für ihn liest. Dass er seinen Traumbericht durch zwei Bürgen bestätigen lässt, dass er die Skizze anfertigt und diese auch an seinen Bruder schickt, ist jedoch ungewöhnlich. Offenbar hat der Bischof den Traum nicht als Angsttraum, sondern als Wahrtraum verstanden und ernstgenommen. Wegen der historischen Bedeutung des Ereignisses – die Ermordung des österreichischen Thronfolgers war der Anlass zum Ausbruch des Ersten Weltkrieges – darf man vielleicht noch weiter fragen: Zeigt der Traum eine unabänderliche Vorherbestimmung? Kann er auch als Warnung verstanden werden? Der Bischof hat den Thronfolger nach dem Traum nicht erreicht, aber hätte er mit seiner Warnung das Attentat verhindern können? Der Erzherzog war eigensinnig in der Planung seines Staatsbesuchs. Aber vielleicht hätte er einige den Wagen flankierende Reiter zugelassen? Diese Fragen sind historisch müßig, der Erste Weltkrieg mit seinen verheerenden Wirkungen für Europa ist ausgebrochen und wäre wohl auch ohne das Attentat ausgebrochen. Aber für das Verständnis der Traumweisheit sind diese Fragen nicht müßig. Es ist sicher nicht richtig, den Wahrtraum als bildhafte Formulierung dessen zu sehen, was eintreten muss und wird. Sondern der Wahrtraum sagt, was auf uns zukommt. Wie wir uns dazu verhalten, ist jedoch eine Entscheidung des wachen Menschen.

Träume, die in Symbolbildern vom Tode sprechen

Oft sprechen Träume ihr Wissen um den nahenden Tod nicht offen aus, sondern kleiden es in Symbolbilder. Diese können nahe an der physischen Realität liegen, wie im Traum des Theologen Emil Bock, der den Tod seines ehemaligen Schuldirektors ankündigt:

Traum 56

«Ich stand vor dem Haus am Alten Markt, wo er wohnte, und sah zu, wie seine Möbel aus dem Fenster gehoben und an Stricken aus dem dritten Stock heruntergelassen wurden. Ich dachte: Ach, der Direktor Haase zieht aus, wie seltsam!»[48]

Die Bilderwelt des Traumes ist alltäglich, nur die Stimmung kündigt an, dass etwas Unerwartetes geschieht. «Wie seltsam ... » Selbstverständlich ist nicht die Räumung der Wohnung nach dem Tod des Direktors vorausgeträumt, sondern sein Auszug aus dieser irdischen Welt ist gemeint. Bemerkenswert ist hier die Schlichtheit des Bildes.

In dem Bericht über seine Erlebnisse während der Lagerhaft erzählt der russischer Schriftsteller Andrej Sinjawski (Abram Terz) den Traum eines Mannes, der zu fünfundzwanzigjähriger Haft verurteilt war:

Traum 57

«Sie erzählen von dem Traum, den ein Lette, früher aktiver Sportler, gehabt hatte. Er sah sich, jung, bei einem Marathonlauf über fünfundzwanzig Kilometer. Er fühlte, dass sein ganzer

> Körper frisch und besonders beschwingt war. Aber genau auf der halben Strecke tauchte plötzlich ein Schiedsrichter auf: Genug! Sie müssen ausruhen. Er versuchte zu widersprechen, er sei überhaupt nicht müde, aber der freundliche Schiedsrichter beharrte: Ausruhen! Und auch seine verstorbene Frau war plötzlich da: Es reicht! Genug! Am nächsten Morgen hatte der Langstreckenläufer gerade noch Zeit, den Traum seinen Kameraden zu erzählen, dann fiel er tot um. Herzschlag. Er hätte bis zur Entlassung auf den Tag genau noch zwölf Jahre und sechs Monate warten müssen.»[49]

Dass der ehemalige Sportler seinen Weg durch die Lagerhaft im Bilde des Marathonlaufes symbolisiert, ist nahe liegend. Während des Traumes fällt ihm nicht auf, dass ein Marathonlauf ja eine Strecke von weit mehr als fünfundzwanzig Kilometern hat, aber die Zahl Fünfundzwanzig spielt in seinem Leben zur Zeit die entscheidende Rolle. Und ohne Frage hat er dieser Tage immer wieder daran gedacht, dass nun die Hälfte der fünfundzwanzig Jahre vorüber ist. Dass die Mitte der Strecke im Traum eine bedeutende Rolle spielt, ist daher nahe liegend.

Interessant an dieser Traumhandlung ist, dass zwei einander widersprechende Urteile über die körperliche Verfassung auftreten: dasjenige, das er selbst hat, und dasjenige, das die höhere Instanz, der Schiedsrichter, und die Repräsentantin der nachtodlichen Welt, seine verstorbene Frau, aussprechen. Es ist bekannt, dass viele Menschen in Todesnähe, wenn der Zusammenhalt des Persönlichkeitsgefüges bereits gelockert ist, sich erleichtert fühlen von der Last der Krankheit. Ein solches

Gefühl der Erleichterung mag dazu geführt haben, dass der Träumer sich beim Lauf jung, frisch und beschwingt fühlte. Nun wird die Entscheidung zum Abbruch des Laufes nicht als Hindernis oder Barriere symbolisiert, sondern tritt im Bilde eines freundlichen Schiedsrichters und der geliebten Frau, der wichtigsten Gestalt aus der schönen Zeit vor der Lagerhaft, auf. Der nahende Tod erscheint im Traum nicht als eine fremde, unerbittliche Macht, sondern als gütiges Schicksal. Den Schiedsrichter können wir als Teil der eigenen Persönlichkeit des Träumers verstehen, als denjenigen Teil, der aus dem Tiefschlaf die Einsicht in den Gesundheitszustand mitgebracht hat. Und in dem Läufer können wir das Bild für denjenigen Teil der Persönlichkeit sehen, der glücklich darüber ist, nun die Hälfte der Lagerhaft hinter sich gebracht zu haben, also denjenigen Teil der Persönlichkeit, der durch die Erlebnisse des Tagesbewusstseins bestimmt ist. Das Auftreten der Frau muss nicht als Begegnung mit der Verstorbenen verstanden werden, sondern erscheint in der Dramatik des Traumes, soweit dies in der Kürze der Darstellung zu erkennen ist, eher wie eine Steigerung des Schiedsrichter-Bildes. Die verstorbene Frau bestätigt die Entscheidung des Schiedsrichters und macht sie damit endgültig, und auch die Freundlichkeit des Schiedsrichters erhält im Bilde der geliebten Frau eine letztmögliche Steigerung.

In ähnlicher Weise knüpft der Traum eines Philosophie-Professors an die Bilderwelt des Tages an, wenn auch die Dramatik des Verlaufs und der Sinngehalt sich in mancher Hinsicht unterscheiden:

Traum 58

«Ich träumte also, ich bin in meinem Hörsaal
und halte eine Vorlesung. Da merke ich – und

> ich kann nicht erkennen, wie das geschieht –, dass immer mehr Studenten verschwinden, sich wohl durch eine Tür im Hintergrund davonschleichen. Die Zuhörenden werden weniger und weniger. Ich rede lauter und eindringlicher, ich benutze einfachere Worte, aber nichts hilft. Der Saal leert sich weiter. Ich strenge mich immer mehr an, fühle, wie mir der Schweiß ausbricht – da kommt mir plötzlich ein Gedanke und erfüllt mich mit großer Ruhe und Gelassenheit: Ich bin hier ja nur Gastdozent. Eigentlich gehöre ich gar nicht hierher. Ich gehöre zu der königlichen Universität im hohen Norden. Ja, ich werde Seiner Magnifizenz [dem Rektor] schreiben. Ich bleibe hier nicht mehr lange, höchstens noch bis Ostern.»[50]

Der Traum wiederholte sich noch zweimal. Aber der lebensfrohe Professor verstand nicht seine Botschaft – oder wollte sie nicht verstehen. Wenige Monate später wurde ein nicht mehr operabler Krebs diagnostiziert, und kurz darauf starb der Träumer.

Die Bilderwelt des Traumes entspricht der täglichen Umwelt des Professors, nicht aber der Handlungsverlauf. Der Gedächtnisträger hat also zunächst den bestimmenden Einfluss, und dem Dramatiker fällt es nicht leicht, das Motiv des nahenden Todes zur Geltung zu bringen. Indem der Professor in der Vorlesung lauter und eindringlicher spricht und einfachere Worte benutzt, wird das Bestreben deutlich, die vertrauten Gedächtnisbilder der Vorlesung zu erhalten. Das steigert sich, als sich der Professor so anstrengt, dass ihm der Schweiß ausbricht. Da tritt eine abrupte Wendung der Traumhandlung ein. Der Dramatiker setzt sich durch und macht deutlich, dass die Tätigkeit im Hörsaal dieser Universität zu Ende geht. Aber sogleich ist der Gedanke parat, die Vorlesungen an der königlichen Universität im hohen Norden fortzusetzen. Ohne Frage ist die Lebensfreude des Professors der Grund für die starke Tendenz des Gedächtnisträgers, an der gewohnten Bilderwelt festzuhalten.

Im Handlungsverlauf des Traumes kann der Dramatiker nur unvollkommen deutlich machen, dass das Leben zu Ende geht, aber er benutzt ein feineres Mittel, um seine Botschaft zur Geltung zu bringen. Die andere Universität, zu der der Professor zurückkehren will, ist nicht im gleichen Sinne konkret wie die gegenwärtige. Niemand wird von der Universität in Stockholm oder in Oslo als von der königlichen Universität im hohen Norden sprechen. Die Formulierung klingt poetisch innerhalb einer sonst prosaischen Handlung und weist damit auf eine andere Seinsebene hin. Außerdem hat sich der lebensfrohe Träumer zu Beginn der Handlung wohl kaum als Gastdozent im Erdenleben gesehen, sondern er fühlte sich hier ganz und gar zu Hause. Und nun taucht plötzlich der Gedanke der Gastprofessur auf, und die eigentliche Heimat des Menschen wird in der anderen Welt, im hohen Norden gesehen. Es ist ein tröstlicher Gedanke, dorthin zurückzukehren, wo wir hergekommen sind. Der Professor gewinnt Ruhe und Gelassenheit zurück bei dieser Wendung der Handlung.

Welche Bedeutung haben die Studenten im Traum? Sie gehören zwar zur täglichen Welt des Professors, aber es tritt nicht ein einzelner Student durch sein Aussehen oder durch eine Handlung besonders hervor, sondern die Studenten erscheinen als eine einheitliche, ungegliederte Gruppe. Nichts spricht dafür, dass der Traum ein Erlebnis mit bestimmten Studenten während des Tageslebens widerspiegelt. Der gesamte Traumverlauf spricht auch dagegen, dass die Angst vor dem Verlust von Zuhörern oder ein verdrängtes Minderwertigkeitsgefühl sich in dem Bild von den verschwindenden Studenten ausspricht. Die unpersönlich wirkende Gruppe der Studenten verbildlicht vielmehr einen Teil der Persönlichkeit des Träumers selbst. Da die Studenten ihn verlassen, muss er die Rückkehr zu der königlichen Universität im hohen Norden antreten. Es sind die Lebenskräfte des Träumers, die in den Studenten symbolisiert werden. Und es ist kennzeichnend für den optimistischen Professor, dass ihm die eigenen Lebenskräfte in einem Bild aus dem täglichen Leben erscheinen. Während des Traumes kann der Professor nicht erkennen, auf welchem Weg die Studenten verschwinden. Dass bei Todesträumen oft ein interessanter Teil des Bildes verschleiert ist, hat sich schon an anderen Beispielen gezeigt. Hier aber hat der verschleierte Bildausschnitt noch eine weitere Erklärung: Der Träumer wehrt sich gegen das Verschwinden der Studenten, wie der wachende Professor den Gedanken an den nahenden Tod weit von sich weist. Die Abwehrhaltung kann zwar das Verschwinden der Studenten selbst nicht verhindern, aber sie kann mindestens das Bild der Stelle verschleiern, an der die Studenten sich entfernen.

Dem aufmerksamen Beobachter muss eine Unstimmigkeit im Konzept der Traumhandlung auffallen. Es ist ja kein Grund für Ruhe und Gelassenheit, wenn einem Professor die Studenten weglaufen, wo er «nur» Gastprofessor ist. Diese Stimmung geht nicht folgerichtig aus den Bildern und aus der offenkundigen Traumhandlung hervor, sondern nur aus dem tieferen Sinn des Traumes, vor dessen Verschlüsselung in die

Symbolbilder. Wenn ich sterbe, kann ich gelassen hinnehmen, dass die Lebenskräfte mich verlassen. Dann ist der Gedanke tröstlich, dass ich ja eigentlich in einer anderen Welt zu Hause bin. Wenn, wie in diesem Fall, Stimmung und offenkundiger Traumverlauf einander widersprechen, ist es in der Traumdeutung angezeigt, nach einem Sinn zu suchen, der nicht in den Traumverlauf selbst eingetreten ist. Der kann, wie im Traum Eduard Mörikes (Traum 52) als Gewissheit im Traum selbst oder nach dem Erwachen auftreten, aber das muss nicht der Fall sein. Er kann, wie bei unserem Professor, dem Träumer verborgen bleiben und erst dem Traumdeuter auffallen – oder hier sich fast aufdrängen.

Die Symbolbildung kommt noch deutlicher zur Geltung in einem Traum, den Friedrich Hebbel in seinen Tagebüchern berichtet. Einer seiner Freunde, ein Beamter am Kaiserhof in Wien, hat ihn kurz vor seinem Tode gehabt.

Traum 59

«Frau von Engelhofen bei uns. Sie erzählt, ihr Mann habe acht Nächte vor seinem Erkranken immer denselben Traum gehabt, die neunte mit einer Variation. Er ist in einer fremden, ihm ganz unbekannten Landschaft, ein breiter, heller Strom in der Mitte, jenseits Nebel. Ein Schiffer steht am Strom, wenn er sich aber nähert und ihm Geld fürs Überfahren bietet, weist der Mann ihn finster zurück. In der neunten Nacht wird er aber freundlich, lässt ihn in seinen Nachen steigen und führt ihn pfeilschnell hinüber ans andere Ufer. Hier wird alles hell, und ein stattlicher Palast erhebt sich, aus dem sein

> verstorbener Vater hervortritt und ihn freundlich bewillkommnet. Er deutete den Traum auf eine Reise, zu der der Kaiser ihn kommandieren werde; an eben diesem neunten Tage aber erkrankte er und starb im Verlauf einer kurzen Woche.»[51]

Der Lebensweg, der vor dem Träumer liegt und der ihn dem Tode entgegenführt, erscheint in der fremden Landschaft. Obwohl die Gegend ihm unbekannt ist, weiß er offenbar genau, wohin er wandern will. Doch ehe die tödliche Krankheit ausbricht, bildet der Strom ein unüberwindliches Hindernis. In Träumen und Mythen erscheint der Strom oft als die Grenze zwischen den Reichen der Lebenden und der Toten, und auch das Bild des Fährmanns ist in diesem Zusammenhang geläufig. Es wird zum Beispiel in der griechischen Sagengestalt des Acheron gedeutet als Repräsentant der nachtodlichen Welt, als ein geistiges Wesen, dem der Mensch in Todesnähe begegnet. In dem Traum des Herrn von Engelhofen aber hat der Fährmann nicht eine so bedeutende Stellung, sein Auftreten wird nicht als eine wichtige Begegnung erlebt. Es liegt näher, in ihm einen Teil der Persönlichkeit des Träumers selbst zu sehen. Und schon gar nicht ist es berechtigt, der Münze, die für die Überfahrt angeboten wird, eine tiefere Bedeutung zuzuschreiben, wie dies bei den Münzen in alten Gräbern angebracht ist. Der Träumer im Jahre 1860 war gewohnt, an Flussübergängen einen Fährmann anzutreffen und ihm eine Münze für die Überfahrt zu geben. Es ist also wohl ein vertrautes Erinnerungsbild, das hier in den Traum eingefügt ist.

Einen ganz anderen Charakter erhalten die Traumbilder, als der Fährmann in der neunten Nacht den Träumer «pfeilschnell» ans andere Ufer hinüberfährt. Die übernatürliche Schnelligkeit kündigt bereits den Übergang in eine andere Welt an. Der Träumer lässt den Strom wie auch den Nebel, der wie eine Wiederholung des Strommotivs erscheint, hinter sich und befindet sich nun in der Helligkeit. Das Erlebnis des strahlenden Lichtes verdichtet sich zu einem Palast, und nun kommt es im Traum zu einer wirklichen Begegnung. Der verstorbene Vater kommt auf ihn zu, er wird bei dem Willkommensgruß den Träumer angesprochen oder ihm die Arme entgegengestreckt haben. Also er tritt aus dem Traumpanorama hervor, das Bild erhält einen dynamischen Charakter, der Vater führt eine eigene Handlung aus. Wenn Menschen im Traum nicht nur bildhaft erscheinen, sondern wenn sie aktiv handeln, besonders wenn die Handlung sich auf den Träumer selbst richtet, wenn Menschen uns anblicken oder ansprechen, dann liegt es nahe, nicht nur von einer nachklingenden Erinnerung zu sprechen, sondern von einer wirklichen Begegnung während der Tiefschlafzeit, die nun im Traum verbildlicht wird. Es ist durchaus denkbar, dass die von Menschen in Todesnähe immer wieder geschilderte Begegnung mit Verstorbenen in der neunten Nacht stattgefunden hat und nun im Traumbild nachklingt.

Was Herr von Engelhofen beim Erwachen verstanden hat, ist, dass es sich um einen Wahrtraum handelt. Es mag zunächst recht willkürlich erscheinen, dass er in seiner Deutung das Bild des Vaters durch den Gedanken an den Kaiser ersetzt, der seinen Beamten bei der Rückkehr von einer erfolgreichen Dienstreise begrüßt. Dass hierbei das Wunschdenken des Beamten eine Rolle gespielt hat, ist nahe liegend. Aber es kommt oft vor, dass der symbolische Gehalt von Worten sich im Traum in symbolische Bilder umformt. Dass der Landesvater im Traum in der Gestalt des leiblichen Vaters erscheint, ist sehr wohl möglich. Doch in diesem Fall ist es offensichtlich eine Fehldeutung.

Der Traum des Herrn von Engelhofen ist ein schönes Beispiel symbolischer Todesträume, weil er ein Motiv der klassischen Mythologie aufgreift, ohne dass der sicher klassisch gebildete Träumer es bemerkt. Und der Traum zeigt auch, wie das Wissen um den nahenden Tod in neunmaliger Wiederholung sich aussprechen kann, ohne sich dem wachenden Menschen aufzudrängen. Selbst als Herr von Engelhofen verstanden hat, dass es sich um einen Wahrtraum handelt, bleibt ihm der Freiraum, dessen Aussage umzudeuten, zu verharmlosen. Die aus dem Tiefschlaf kommende Weisheit macht sich nur demjenigen hörbar, der hören will.

Schließlich sei noch ein Traum erwähnt, den Sophie Scholl, eine der bekanntesten Widerstandskämpferinnen gegen den Nationalsozialismus, in der Nacht vor ihrer Hinrichtung gehabt hat:

Traum 60

> «Ich trug an einem sonnigen Tag ein Kind in langem, weißem Kleid zur Taufe. Der Weg zur Kirche führte einen steilen Berg hinauf. Aber fest und sicher trug ich das Kind in meinem Arm. Da plötzlich war vor mir eine Gletscherspalte. Ich hatte gerade noch so viel Zeit, das Kind sicher auf die andere Seite niederzulegen – dann stürzte ich in die Tiefe.»[52]

Die Gedanken Sophie Scholls werden in den Wochen von Verhaftung, Prozess und Urteilsverkündung immer wieder um das Thema des Lebenssinns und des Todes gekreist haben.

Dass es keine Begnadigung geben, sondern dass das Todesurteil vollstreckt werden würde, ist ihr ja wohl deutlich gewesen. Aber die Situation ist eine ganz andere als diejenige eines Schwerkranken, der den Tod unweigerlich auf sich zukommen fühlt. Bei ihm hat der Tod bereits begonnen, vom Leib Besitz zu ergreifen. Sophie Scholl steht in der Fülle ihrer jugendlichen Lebenskraft. Der nahende Tod ist für sie, leiblich, noch nicht real. Aber seelisch. Als sie sich zum Widerstand entschloss, müssen ihr ja die möglichen Konsequenzen ihres Handelns deutlich gewesen sein. Sie hat sicher nicht den Tod gewollt, sondern den Widerstand gegen das Regime – unter Einsatz ihres Lebens. Das Motiv ihres Handelns greift über das persönliche Leben und über den möglichen Tod hinaus, und diese Geste zeigt sich auch im Traum.

Dessen kurze Schilderung lässt zwei verschiedene Deutungen zu. Fest und sicher trägt sie das Kind im Arm zur Taufe. Die Träumerin, die ja wohl mit dem Menschen Sophie Scholl während des Tageslebens identisch ist, bildet eine Einheit mit dem Kind. Wer oder was aber ist das Kind? Es kann verstanden werden als das eigentliche Wesen des Menschen, das nicht in die Gletscherspalte, in den Tod, stürzt, sondern gerettet wird. Oder es kann als das Ideal verstanden werden, für das Sophie Scholl gekämpft hat. Das wird ihren Tod überdauern. Das Kind ist in ein langes weißes Kleid gehüllt. Das ist, wenn es zur Taufe geht, sicher ein vertrautes Bild, zugleich aber ist es ein Wahrbild. Das Kind gehört einer höheren Ebene an als die Träumerin, und es ist nicht nur in Weiß gehüllt, sondern von einem sonnigen Tag umgeben. War es (im Traum) ihr eigenes Kind? Das würde eher in die Richtung ihres wahren Ich deuten. Oder ihr Patenkind? Das würde eher an ihr Lebensideal denken lassen. Niemand hat Sophie Scholl danach fragen können, und so muss offen bleiben, welche der beiden nahe beieinander liegenden Deutungen zu bevorzugen ist. Dass ein neugeborenes Kind, neben einer Gletscherspalte liegend, nicht gerade in Sicherheit ist, wird vielleicht der kritische Verstand einwenden. In Stimmung und Handlungsverlauf des Traumes passt dieser Gedanke nicht hinein.

Der Traum hat seinen Sinn in sich, aber er ist auch eine Aussage im Kontext des Lebens. Wer sich für ein Ideal einsetzt und diesen Einsatz mit dem Leben bezahlen muss, wird sich fragen, ob der hohe Preis gerechtfertigt war. Darauf antwortet der Traum mit einem eindeutigen Ja. Aus ihrer letzten Nacht bringt Sophie Scholl eine tröstliche Botschaft in das Wachbewusstsein mit: Ihr beschwerlicher Weg ist in einen sonnigen Tag versetzt, und der Tod ist nicht das letzte Wort. Das Kind überlebt.

Träume von Verstorbenen

Dass wir nach dem Tod eines nahe stehenden Menschen von ihm träumen, ist nicht überraschend. Die Gedanken kreisen oft um das, was wir gemeinsam erlebt haben, und sie sind oft auch mit intensiven Gefühlen verbunden. Der Schmerz um den Verlust oder vielleicht die Einsamkeit, die wir empfinden, rufen nicht nur am Tage immer wieder die Erinnerungen an den Verstorbenen hervor, sondern wirken auch in die Träume hinein.

Das sind Erinnerungsträume, die vielleicht eine Situation genau wiedergeben, an die wir auch am Tage gedacht haben, oft aber sind es andere, fast vergessene Bilder, die im Traum auftauchen und die durch unser Totengedenken am Tage aktiviert wurden und sich nun nach dem Einschlafen zu Worte melden. Oft auch werden Motive, die zeitlich weit auseinander liegen, in einer Traumhandlung miteinander verbunden – wie wir ja auch am Tage in der Erinnerung Bilder manchmal «falsch» zuordnen. In allen diesen Fällen ist der Trauminhalt durch die Gedanken des Tages begründet, nicht durch die Erlebnisse des Tiefschlafs, wie das bei der Ankündigung des nahenden Todes geschildert wurde.

Nun gibt es aber eine Fülle von Berichten, in denen Angehörige in der Todesstunde oder in der Nacht nach dem Tode das Bild eines Verstorbenen vor sich sehen, von dessen Ableben sie noch nichts wissen. Vor allem während des Zweiten Weltkrieges ist das oft geschehen. Eine Mutter sitzt in ihrem Zimmer, etwas verträumt, und da steht plötzlich ihr Sohn, der an der Front kämpft, vor ihr. Nur wenige Augenblicke, denn als die Mutter sich die Überraschung über den unerwarteten Urlaub so recht zu Bewusstsein bringt, ist das Bild verschwunden. Was sie gesehen hat, war zunächst von einer Sinneswahrnehmung kaum zu unterscheiden, es wurde als ganz real erlebt. Erst im Verschwinden zeigte sich der übersinnliche Charakter der Erscheinung. Und beim Verschwinden blieb die Gewissheit zurück: Mein Sohn hat Abschied genommen, er ist gefallen.

Nicht nur beim Tode, sondern auch in der Lebensgefahr eines Angehörigen können solche Bilder auftauchen. Eine Frau steht in der Küche bei ihrer Hausarbeit, da sieht sie plötzlich, wie in einem Film, eine Folge von Bildern vor sich: Ihr Sohn während der Kämpfe in Russland zusammen mit einem Kameraden, rechts ein Wald, links eine Art Stoppelfeld. Da kommt aus dem Wald ein Rudel Wölfe. Die beiden Soldaten versuchen zu fliehen, schießen mehrmals auf die Wölfe, um sie aufzuhalten. Dann verschwimmen die Bilder. Die Frau schreibt das

Gesehene nieder, mit der genauen Angabe von Datum und Uhrzeit, und schickt den Brief an ihren Sohn. Der bestätigt wenig später den Bericht.

Auch aus der Zeit des Ersten Weltkrieges ist bekannt, dass Soldaten, als sie fielen, sich bei den Angehörigen verabschiedet haben. Ein Beispiel erzählt Sigmund Freud von einer Frau:

TRAUM 61

> «Im Jahre 1914 war mein Bruder im Felde, ich nicht bei den Eltern in B., sondern in Ch. Es war vormittags 10 Uhr, 22. August, da hörte ich ‹Mutter, Mutter› von der Stimme meines Bruders rufen. Nach zehn Minuten nochmals, habe aber nichts gesehen. Am 24. August kam ich heim, fand Mutter bedrückt, und auf Befragen erklärte sie, der Junge hätte sich am 22. August angemeldet. Sie sei vormittags im Garten gewesen, da hätte sie den Jungen ‹Mutter, Mutter› rufen hören. Ich tröstete sie und sagte ihr nichts von mir. Drei Wochen darauf kam eine Karte meines Bruders an, die er am 22. August zwischen 9 und 10 Uhr vormittags geschrieben hatte, kurz darauf starb er.»[53]

Der Bericht Freuds zeigt charakteristische Merkmale für die Erscheinung von Verstorbenen: Der Ruf «Mutter, Mutter» scheint wie eine normale akustische Wahrnehmung geklungen zu haben, der Rufer war an der Stimme zu erkennen. Dass er nicht sichtbar war, macht jedoch sogleich den übersinnlichen Charakter der Wahrnehmung deutlich. Beide Frauen hören, obwohl sie weit voneinander entfernt sind, etwa gleichzeitig den Ruf. Mindestens die Mutter ist bedrückt, sie versteht wohl schon gefühlsmäßig, was geschehen ist, was sie aber noch nicht «weiß».

Erstaunlich ist, wie einfach Freud die Bedeutung des Erlebnisses wegzudiskutieren versucht: Die Schwester habe den Ruf vielleicht gar nicht gehört, sondern sich das nach der Erzählung der Mutter nur eingebildet, denn sie meinte, die eigentliche Mutter des Bruders zu sein.[54] – Heute sind wir eher geneigt, solche Erlebnisse als Realitäten anzuerkennen.

Gewiss, es sind verhältnismäßig wenige Menschen, die so offen sind für die Nähe eines eben Verstorbenen, doch ihre Zeugnisse sind unüberhörbar. Sie zeigen, dass die auftretenden Bilder nicht immer auf Erinnerung beruhen, sondern auch eine Begegnung mit dem Verstorbenen widerspiegeln können. Wie sind diese beiden Arten von Bildern zu unterscheiden?

Oft erwachen Menschen aus dem Traum von einem Verstorbenen und sagen, die Bilder seien so intensiv gewesen, man habe den dahingegangenen Angehörigen wie zum Greifen nahe gehabt. Er sei im Traum real da gewesen. Nun, auch manche Erinnerungsbilder am Tage sind so real greifbar wie Sinneswahrnehmungen, und wir wissen doch, dass sie nur der Nachklang früherer Erlebnisse sind. Der deutliche und lebhafte Eindruck von einem Verstorbenen kann sehr wohl ein Erinnerungstraum sein.

Träume, die wirkliche Begegnungen mit Verstorbenen widerspiegeln, sind am ehesten daran zu erkennen, dass ihr Verlauf und ihre Bilder etwas Überraschendes bringen. Vor allem erscheint der Verstorbene jünger, als wir ihn zuletzt gekannt haben, und wie von innen her strahlend. Vielleicht fällt sein klarer Blick auf, oder auch die ganze Gestalt ist wie in Licht getaucht. Oft wirkt der Verstorbene aktiv und beschwingt, er spricht uns an, blickt uns an oder fasst uns bei der Hand. Dieses verjüngte Bild zeigt sich auch bei Menschen, die in hohem Alter gestorben sind und die wir längere Zeit leidend erlebt haben. Diese Traumbilder widersprechen also eindeutig den bestimmenden letzten Erinnerungsbildern.

Solche Träume, die wirkliche Begegnungen widerspiegeln, zeigen den Verstorbenen oft ganz deutlich, mit klaren Konturen; aber im Rückblick können wir oft nicht mehr die Kleidung beschreiben, oft auch nicht den Raum, in dem wir den Verstorbenen gesehen haben. Woran aber haben wir denn erkannt, dass es dieser Verstorbene war? Das wussten wir einfach, schon im Traum und dann auch nach dem Erwachen. Traumbild und Traumhandlung haben also einen Hintergrund, aus dem sie hervortreten, und dieser Hintergrund wird erlebbar in bestimmten Gewissheiten. Gewissheiten aber bilden sich nicht im Traum, sondern im Tiefschlaf. So lebendig und konkret auch der Traum gewesen sein mag – die eigentliche Begegnung hat sich im Tiefschlaf abgespielt, und etwas von ihrer Kraft und von ihrem Glück strömt in den Traum, ja bis in das Tagesleben hinüber.

Traum 62

Vor einigen Monaten ist ein Mann gestorben, den ich seit meiner Studentenzeit kenne, dem ich immer wieder begegnet bin, meistens unfreundlich. Wir waren von unserem Wesen her sehr verschiedenartig und hatten in Diskussionen selten die gleiche Meinung. Er war mir alles andere als sympathisch, ich war für ihn wohl ein rotes Tuch. Seine Leistung konnte ich achten, als Persönlichkeit aber war er mir fremd. Nun

> träumte ich, dass wir gemeinsam, Hand in Hand, wie aus dem Hintergrund einer Bühne nach vorne gehen im Gespräch miteinander, ohne dass ich mich an irgendwelche Worte erinnern kann. Sehr eindrucksvoll war mir das Bild dieses Mannes, den ich im Leben oft streng und hart empfunden habe. Er war um vieles jünger, strahlend und ganz natürlich, beschwingt. Im Vordergrund der Bühne verabschiedeten wir uns, er blieb zurück, und ich erwachte. Obwohl ich mich an das Thema des Gesprächs nicht erinnere, hatte ich beim Aufwachen die Gewissheit, dass wir uns versöhnt hatten.

Der Handlungsverlauf zeigt ein Motiv, das recht charakteristisch ist für Träume von Verstorbenen. Aus einem Hintergrund, der nicht oder nicht deutlich im Bild erscheint, kommt der Träumer mit seinem Begleiter nach vorn. Was in das Traumbewusstsein eintritt, ist offenbar nur der Schluss der Handlung. Das Wesentliche ist geschehen, ehe der (erinnerbare) Traum begann, wohl im Tiefschlaf. Der nicht genau fassbare Hintergrund ist diese noch nicht bildhafte Welt, ehe der Traum begann. Im Vordergrund der Bühne scheiden sich die Wege: Der Träumer wendet sich zum Erwachen, der Verstorbene bleibt zurück. Oder er hat sich, ohne dass dem Träumer dies aufgefallen ist, schon wieder einige Schritte zurückbewegt. Und wenn der Träumer sich nun umwendet, winkt der Verstorbene vielleicht zum Abschied.

Der eben erzählte Traum bringt eine Begegnung, in der etwas ganz Unerwartetes geschehen ist. In den Monaten nach dem Tode dieses Mannes hatte ich nicht viel an ihn und an unsere Beziehung gedacht. Ich kann mich nicht erinnern, von diesem Menschen vorher je geträumt zu haben, und ich kann auch nicht erkennen, dass irgendetwas in den Inhalten meines Tageslebens Anlass gewesen sein könnte für diesen Traum. Sein Auftreten und sein Inhalt haben mich nach dem Aufwachen überrascht. Und auch während des Traumes war der Verstorbene der aktive Part der Handlung. Während des Traumes und nach dem Erwachen war ich mir sicher, dass wir uns völlig einig waren, dass die bisher schwierige menschliche Beziehung friedlich geordnet war.

Und es schien mir, dass die Initiative von dem Verstorbenen ausgegangen war. Dieser Traum hat meine bis dahin geltende Überzeugung, eine Schicksalsbeziehung sei mit dem Tode festgeschrieben, korrigiert.

Von der Erscheinung eines Toten im Traum berichtet uns schon der Dichter Homer vor fast dreitausend Jahren. Der griechische Held Achilleus hatte den trojanischen Königssohn Hektor im Kampf erschlagen und war ermüdet auf sein Lager gesunken. Da erscheint ihm sein Freund Patroklos, den Hektor kurz zuvor getötet hatte:

Traum 63

«Jetzt kam die Seele des jammervollen Patroklos,
Ähnlich an Größ und Gestalt und lieblichen Augen ihm selber,
Auch an Stimm, und wie jener den Leib mit Gewanden umhüllet;
Ihm zum Haupt nun trat er und sprach anredend die Worte:
Schläfst du, meiner so ganz uneingedenk, o Achilleus?
Nicht des Lebenden zwar vergaßest du, aber des Toten!

Auf, begrabe mich schnell, dass Aides' Tor' [Tore des Hades, der Totenwelt] ich durchwandle!
Fern mich scheuchen die Seelen hinweg, die Gebilde der Toten,
Und nicht über den Strom vergönnen sie mich zu gesellen,
Sondern ich irr unstet um Aides' mächtige Tore.
Und nun gib mir die Hand, ich jammere! Nimmer hinfort ja
Kehr ich aus Aides' Burg, nachdem ihr der Glut mich gewähret!
Ach, nie werden wir lebend, von unseren Freunden gesondert,
Sitzen und Rat aussinnen; denn mich verschlang das Verhängnis
Jetzt in den Schlund, das verhasste, das schon dem Gebornen bestimmt ward;
Und dir selbst ist geordnet, o göttergleicher Achilleus,
Unter der Mauer zu sterben der wohlentsprossenen Troer.»[55]

Nach Auffassung der alten Griechen findet ein Toter keine Ruhe, ehe er begraben und am Grabe beweint ist. Achilleus aber hatte, überwältigt vom Schmerz über den Tod des Freundes, diesem nicht zuerst ein würdiges Begräbnis gegeben, sondern dessen Tod an Hektor gerächt. Nun mahnt ihn der Tote an die erste Freundespflicht. Patroklos spricht von sich selbst und von dem, was er unbestattet durchzumachen hat, er nimmt Abschied. Und dann weist er den Freund auf dessen künftiges Schicksal hin. Es ist unter Göttern beschlossen, dass, wenn Hektor fällt, auch Achilleus im trojanischen Krieg sein Leben lassen muss. Der Tote kennt den Willen der Götter und teilt ihn dem Lebenden mit.

Die Botschaft der Verstorbenen kann sich recht konkret und genau auf Verhältnisse in der irdischen Welt beziehen, wie schon der Kirchenvater Augustin (354 – 430) berichtet:

Traum 64

«Während meines Aufenthaltes in Mailand wurde mir folgender als wahr verbürgter Vorfall berichtet. Ein Gläubiger legte jemandem einen Schuldschein seines verstorbenen Vaters vor und forderte von ihm die geschuldete Summe. Der Vater aber hatte diese ohne Wissen des Sohnes bezahlt. Der junge Mann war darüber tief bekümmert und fand es sonderbar, dass ihm sein Vater auf dem Sterbebett nichts über diese seine Schuld gesagt haben sollte, zumal er ja auch ein Testament gemacht hatte. Da erschien dem Sohn in seiner äußersten Niedergeschlagenheit der Vater im Traum und zeigte ihm den Platz, wo die Quittung war, durch die der Schuldschein für hinfällig erklärt worden war. Die Quittung wurde gefunden und vorgelegt, und der junge Mann wies so nicht nur die falsche Anklage einer widerrechtlich geforderten Schuld ab, sondern erhielt auch den mit eigener Hand vom Vater geschriebenen Schuldschein zurück, der diesem bei der Bezahlung der Geldsumme nicht ausgehändigt worden war.»[56]

Verstorbene können oft in Träumen oder Tagträumen mit eindrucksvollen Gesten wahrgenommen werden, etwa indem sie auf eine bestimmte Stelle im Raum hindeuten. Ein

Angehöriger hat die Wohnung des Verstorbenen ausgeräumt, nur die Möbel stehen noch zur Abholung bereit. Da steht der Tote plötzlich im Raum und blickt wie bittend auf den Schreibtisch und weist mit der Hand auf die Fächer auf der rechten Seite. Der Angehörige nimmt die Erscheinung ernst, ist aber hilflos – denn was gäbe es hier denn noch zu ordnen? Er untersucht die Fächer noch einmal und findet in dem untersten Fach Doppelböden, zwischen denen sehr persönliche Briefe an den Toten liegen.

Hier hat der Verstorbene ein Anliegen: Er will nicht, dass diese Briefe in die Hand irgendeines Menschen gelangen, der diesen Schreibtisch kauft. Er hat sicher auch während des Lebens immer wieder dieser Stelle im Raum seine besondere Aufmerksamkeit zugewendet, er hat an den Briefen «gehangen». Diese intensive Beziehung zu einem Punkt im Raum bleibt offenbar auch nach dem Tode erhalten. – In dem von Augustin berichteten Beispiel einer Totenerscheinung geht es nicht nur um die Beziehung zu einem bestimmten Platz im Haus, sondern auch um die gestörte Beziehung zu dem Sohn, die den Verstorbenen auf den Plan ruft. Der Bericht Augustins zeigt, dass der Mensch nach dem Tode (mindestens eine Zeitlang) nicht nur mit den Angehörigen, sondern auch mit der Umgebung, in der er gelebt hat, verbunden bleiben kann.

Wenn Verstorbene in solchen Träumen eine aktive Rolle spielen, wollen sie oft den Hinterbliebenen trösten. Zwei eindrucksvolle Beispiele dafür berichtet Elisabeth Kübler-Ross:

Traum 65

«Zehn Tage nach Erins Tod hatte ich eine ‹Vision›, in der ich vier oder fünf Stunden lang von einem unglaublichen, überwältigenden Frieden und von

Liebe erfüllt war, und in dieser Zeit erlebte ich bedingungslose Liebe als die Lösung aller weltlichen Probleme. Am Ende dieser Vision erschien mir Erins Gesicht als flackernde Lichtpunkte. Sie lächelte, und dann verging die Vision in der schrecklichen Realität des Schmerzes.»[57]

Das Gesicht des verstorbenen Kindes erscheint erst am Ende der «Vision», aber es ist ja keine Frage, woher das Licht und der Friede kommen. Zunächst scheint es, dass diese nur die Mutter meinen, die zehn Tage nach dem Tod ihrer Tochter ganz im Schmerz über den Verlust lebt. Aber die Mutter versteht: Sie soll nicht nur getröstet werden, sie soll erkennen, dass «alle weltlichen Probleme» aus der Kraft von Liebe und Frieden gelöst werden können. Aus der Kraft derjenigen Welt, in der jetzt ihr Kind ist. Und da sie verstanden hat, erscheint nun auch diejenige, die die Botschaft bringt, in einem, wenn auch «flackernden» Bilde. Das ist der Höhepunkt und zugleich auch der Schlusspunkt der Vision. Im wieder einsetzenden Schmerz über den Verlust kehrt die Mutter in die Realität des Alltags zurück.

Nachhaltiger wirkt die Erscheinung des verstorbenen Kindes auf die Mutter in dem zweiten Bericht:

TRAUM 66

Eine junge Mutter, deren Kind auf ungeheuer grausame Weise vergewaltigt und dann ertränkt wurde, kehrte in einer hoffnungslosen Gemütsverfassung nach Hause zurück, nachdem sie tagelang ziellos umhergelaufen war. Als sie schließlich imstande war, sich auf ihr Bett zu legen, bemerkte sie ein helles Licht, das durch das Fenster schien, und darin erschien ihre kleine Tochter, gesund, strahlend und lächelnd, mit ausgestreckten Armen. «Schau, Mami». Die Kleine verschwand nach einigen Augenblicken, aber der Anblick erfüllte die Mutter mit so viel Frieden und Liebe, dass sie nach diesem Vorfall in einem viel besseren psychischen Zustand war als die anderen Mitglieder der noch immer erschütterten Gemeinde.

Die Mutter ist verzweifelt wegen der Ermordung ihres Kindes, sie ist orientierungslos und wird von Unruhe ergriffen. Es ist bereits ein wichtiger Schritt zur Selbstfindung, dass sie nach Tagen in ihr Haus zurückkehrt, dorthin, wo sie mit dem Kinde zusammen gelebt hat. Und dass sie sich auf ihr Bett legen kann. Sicherlich ist sie noch nicht innerlich still geworden, aber die Lösung aus dem Griff der motorischen Unruhe genügt bereits, um die Begegnung mit dem Kind zu ermöglichen. Zunächst ist das Erleben noch unkonturiert, ein helles Licht scheint durch das Fenster. Dann verdichtet sich das Licht zum Bild des Kindes. Wie so oft bei wirklichen Begegnungen ist die Verstorbene aktiv, wendet sich der Mutter zu. Sie spricht nur die beiden Worte «Schau, Mami», aber der strahlende, lächelnde Gesichtsausdruck sagt ja mehr: In der Welt, in der ich jetzt bin, geht es mir gut. Der grauenhafte Tod liegt hinter mir, ich bin wieder «gesund». Und sie streckt die Arme zur Mutter aus, sie möchte die Mutter an ihrem Frieden teilhaben lassen.

Die Botschaft eines Verstorbenen muss nicht immer eindeutig sein. In den letzten Monaten des Zweiten Weltkrieges war Albrecht Haushofer wegen seiner Kontakte zu den Widerstandskämpfern im Gefängnis Berlin-Moabit inhaftiert. Dort schrieb er siebzig Gedichte, die *Moabiter Sonette*. Eines von ihnen, «Der Freund», schildert die Erscheinung seines früheren Studenten Wolfgang Hoffmann, der im Gespräch immer wieder ein offeneres Auftreten gegen die Machthaber gefordert, der also eine freundschaftlich-kritische Beziehung zu Haushofer gehabt hatte, als Offizier bei der Belagerung Leningrads wegen Verweigerung eines grausamen Befehls beinahe zum Tode verurteilt worden wäre und dann im Juni 1942 auf der Halbinsel Krim gefallen war – also mehr als zweieinhalb Jahre vor dem hier geschilderten Erlebnis.

TRAUM 67

Du Toter, denkst du des Gefährten auch?
Heut war mir wieder zwischen Traum und Wachen,
als hört ich dein vertrautes, tiefes Lachen,
als fühlt ich an der Wange deinen Hauch –
Du hast so viel geschaut, gespürt, geahnt,
hast früh mit früher Wandlung dich verbündet,
hast mir noch dunkle Mühsal streng verkündet –
ist nun auch mir der Weg zum Strom gebahnt?
Ich bin bereit zu bleiben und zu gehen.
Es leben nicht mehr viele, die mich halten …
der Toten sind die tieferen Gewalten …
Ich fühle dich im Boot als Fergen stehen,
ich fühle deine Hand sich grüßend heben –
du schweigst … Soll ich dir folgen? Soll ich leben?

Zunächst erscheint der Verstorbene nicht im Bilde, sondern der Träumer hört sein Lachen, er spürt seinen Hauch und weiß sogleich, mit wem er es zu tun hat. Die Eigenart der Beziehung aus dem Erdenleben taucht wieder auf, und dann wird dem Träumer deutlich, um welches Thema es in der nächtlichen Begegnung geht: um die Frage, ob der Prozess gegen ihn sich noch so lange hinziehen wird wie der Krieg oder ob er vorher verurteilt – und dann wohl erschossen wird. Ist auch Haushofers Weg zum Strom, der die Welten der Lebenden und der Toten trennt, gebahnt? Er ist bereit zu sterben, wie viele seiner Freunde. Auf diese innere Haltung antwortet der Traum, indem die Gestalt des gefallenen Freundes eine Symbolbedeutung gewinnt. Er steht als Ferge, als Fährmann, im Boot und hebt die Hand. Albrecht Haushofer versteht, was mit diesem Bild gemeint ist. Aber der Freund schweigt. An der Geste der Hand ist nicht zu erkennen, ob sie auffordert zu folgen oder ob sie den auf der Erde bleibenden Lehrer grüßt.

In Wahrträumen weiß der Träumer oft mehr, als das Bild selbst ausspricht. Hier aber ist das abschließende Bild von seinem Hintergrund, dem Wissen um den Sinn, gelöst. Im Traum und nach dem Erwachen erkennt Albrecht Haushofer an, dass der Tote um das künftige Schicksal, das nach menschlichem Ermessen ja noch offen ist, weiß. Der Träumer ist bereit, dieses Schicksal anzunehmen, wie auch immer es aussieht, aber der Fährmann schweigt. Seine Hand zeigt, dass dieses Wissen schon da ist, aber von der Geste verschleiert wird.

Kurz bevor die sowjetischen Truppen den Stadtteil Moabit erreichten, wurden die Gefangenen in die Nacht hinausgeführt und erschossen. Die siebzig *Moabiter Sonette* wurden später im Mantel des Toten gefunden.

Schlusswort

In seiner *Theorie der Begabung*[58] schreibt Alois Wenzel über das Gedächtnis: «Was erhalten bleibt, sind offenbar nicht Engramme, sondern die Wiederholbarkeit jener Funktionsstrukturen, welche zur Bewusstwerdung des Ausdrucks für den gesuchten Inhalt gehören.» Damit wird die Auffassung überwunden, das Gedächtnis sei ein Speicher, der Bilder – mehr oder weniger unverändert – bewahrt und aus dem sie abgerufen werden können. Was bleibt, ist vielmehr die Fähigkeit, die Bilder neu hervorzubringen. Was sich einprägt, sind nicht die Bilder, sondern Bewegungsspuren, auf die sich der Erinnerungsgriff richten kann.

Wie die Erinnerung am Tage ihre Inhalte nicht reproduziert, sondern neu bildet, so sind auch die Traumbilder nicht eine bloße Wiedergabe von Inhalten des Tageslebens oder aus der Welt des Tiefschlafes. Die Bilder werden während des Traumes hervorgebracht. Der Traum ist nicht eine Art Leinwand, auf die Bilder von außen her projiziert würden, sondern er ist selbst eine bildschaffende Region des Seelenlebens.

Wenn der Traum die Inhalte des Tageslebens aufgreift, dann geschieht das manchmal wie bei der Erinnerung, indem nämlich eine erlebte Situation wieder vergegenwärtigt wird. Häufiger aber werden Inhalte miteinander verknüpft, die «eigentlich», das heißt für unseren kritischen Verstand, nichts miteinander zu tun haben. Der Traum verbindet seine Inhalte gern durch Assoziation, also aufgrund innerer Verwandtschaft.

So entsteht eine Traumhandlung, deren Elemente zwar dem Tagesleben entnommen sind, die aber selbst eine originäre Leistung des träumenden Menschen ist.

Die interessanteren, die aussagefähigen Träume aber sind diejenigen, in denen die Erlebnisse des Tiefschlafes nachklingen. Diese beiden Arten von Träumen wurden in der vorliegenden Arbeit deutlich voneinander abgegrenzt. Damit knüpfte der Verfasser an ein älteres Traumverständnis an, das in der psychoanalytischen Literatur weitgehend zurückgedrängt wurde. Seit Sigmund Freud wird der Traum einer innerseelischen Instanz zugeschrieben, von der man glaubt, dass sie auch während des Tagesbewusstseins tätig sei und sich da in Fantasiebildern oder in «Fehlleistungen», zum Beispiel in Versprechern, zu Wort melde, wodurch also bestimmte Inhalte, die sonst unterhalb der Schwelle des Bewusstseins blieben, ungewollt ans Tageslicht träten.

Ob der Komponist der Traumhandlung im persönlichen – oder kollektiven – Unbewussten zu suchen ist oder ob in den Wahrträumen Nachklänge von Erlebnissen während des Tiefschlafs zu sehen sind, hängt vom Verständnis des Tiefschlafs selbst ab. Dessen Welt durch unmittelbare Selbstbeobachtung zu erschließen, ist eine noch unerfüllte Aufgabe.

In dem vorliegenden Buch ging es nicht um den Tiefschlaf, sondern um Träume. Dabei zeigte sich bei der Untersuchung einzelner Träume, dass nicht immer der gesamte Inhalt des Gemeinten in die Traumbilder einging, sondern dass die Aussage der Traumbilder beim Erwachen durch Gewissheiten ergänzt werden konnte, die aus dem Traumverlauf selbst nicht erklärt werden konnten. Wie kommen diese Gewissheiten zustande? Wie ist zu erklären, dass Träume vom nahenden Tod den Menschen manchmal friedlich stimmen? Weshalb kann ein «guter» Schlaf den Menschen erquicken und seine Initiative wecken – und ein länger dauernder fester Schlaf manchmal nicht? Weshalb kann ein «guter» Schlaf zur Einigkeit mit mir selbst führen, mich der Wahrheit meiner selbst näher bringen? Erst wenn man solchen Fragen nachlauschte, könnte es möglich werden, den Hintergrund der Wahrträume zu erschließen und eine genauere Aussage über den Komponisten der Wahrträume zu machen. Es wäre eine Aussage darüber, woher das Konzept des Dramatikers der Traumhandlung stammt, das die bereitliegenden Bilder zu einer neuen, vielleicht überraschenden Komposition zusammenschließt.

Zu welchen Ergebnissen auch immer eine solche Tiefschlaf-Forschung aufgrund von Selbstbeobachtung führen mag – schon jetzt ist erkennbar, dass sie eine fundamentale Frage des menschlichen Selbstverständnisses berührt: Bin ich eine in sich abgegrenzte Wirklichkeit oder existiere ich aus der Welt, mit der ich verbunden bin? Stelle ich mich als Ich der Welt gegenüber oder werde ich dadurch zum Ich, dass ich mit der Welt korrespondiere?

Ich kann nicht leben, ohne immer wieder zu schlafen. Braucht nur der Leib den Schlaf oder braucht ihn auch die Seele? Wenn der Schlaf der Quell meiner Lebenskraft ist, dann doch wohl deshalb, weil ich selbstvergessen in ihn eintauche, weil ich mir im Schlaf die Welt nicht gegenüberstelle, sondern mich kommunikativ mit ihr verbinde, wie die Erfinderträume zeigen; weil ich aus der Welt des Tiefschlafs lebe, wie ich am Tage aus der Welt lebe, die mir die Sinne erschließen. Wenn das so ist, dann sind in den Wahrträumen die Spuren des Lebens in der Tiefschlafwelt zu erkennen, Spuren der Bewegung in dieser Welt, die im Wahrtraum erinnert, verinnerlicht werden. Dann sind Wahrträume nicht der Schlüssel zur Erkenntnis der unbewältigten Erlebnisse, die unter der Schwelle des Tagesbewusstseins liegen und sich regen, sondern der Schlüssel zum Verständnis der Welt, aus der sich allnächtlich meine Existenz neu aufbaut. Dann muss ich mich als Glied nicht nur der Sinneswelt, sondern auch einer «Seelenwelt» verstehen, aus der ich jeden Morgen die Fähigkeit mitbringe, mich als Eigenwesen zu erleben.

Anmerkungen

1 Zitiert nach Robert Bossard: «Psychologie des Traumbewusstseins», Zürich 1951, S. 84.
2 Ein Pressebericht, zitiert nach Robert Bossard. Siehe Anm. 1, S. 70.
3 Zitiert nach Martin Kiessig: «Dichter erzählen ihre Träume», Stuttgart 1964, S. 180 f.
4 Zitiert nach Robert Bossard. Siehe Anm. 1, S. 106.
5 Wladimir Solowjef: *Die Gewissheit der Vernunft.* In: «Deutsche Gesamtausgabe», 7. Band, Freiburg 1953, S. 66 f.
6 Zitiert nach Uta Kardorff: «Wünsche in der Nacht», Freiburg 1973, S. 47 f.
7 In: «Frühe Erinnerungen», zitiert nach Martin Kiessig. Siehe Anm. 3, S. 98.
8 Zitiert nach Robert Bossard. Siehe Anm. 1, S. 105.
9 Tagebucheintragung vom 25.4.1847, zitiert nach Martin Kiessig: «Dichter erzählen ihre Träume», 2. Aufl., Stuttgart 1976, S. 67.
10 Zitiert nach Uta Kardorff. Siehe Anm. 6, S. 61 f.
11 Zitiert nach Uta Kardorff. Siehe Anm. 6, S. 89 ff.
12 Aus Ulla Isaksson / Erik Hjalmar Linder: «Elin Wägner», 2. Band, Stockholm 1980, S. 196. Übersetzung durch den Verfasser.
13 Zitiert nach Uta Kardorff. Siehe Anm. 6.

14 Laurens van der Post: «Das Herz des kleinen Jägers», Berlin 1962, S. 183.
15 Rudolf Grosse: «Erlebte Pädagogik. Schicksal und Geistesweg», Dornach 1968, S. 229.
16 Homer, «Odyssee», *Vierter Gesang,* Vers 795 bis 841.
17 Homer, «Odyssee», *Neunzehnter Gesang,* Vers 535 bis 553.
18 Homer, «Odyssee», *Neunzehnter Gesang,* Vers 560 bis 569.
19 Vergil: «Aeneis», *Zweites Buch,* Vers 268 bis 302.
20 Vergil: «Aeneis», *Drittes Buch,* Vers 147 bis 178 und *Fünftes Buch,* Vers 720 bis 740.
21 Vergil: «Aeneis», *Achtes Buch,* Vers 26 bis 67.
22 Matth. 1,20; 2,12; 2,13; 2,19 f.; 2,22.
23 Platon: «Kriton», 43 bis 44.
24 Daniel 2,27 bis 46. Der Text folgt der Verdeutschung durch Martin Buber. In: «Die Schrift.» Verdeutscht von Martin Buber gemeinsam mit Franz Rosenzweig. Band 4: *Die Schriftwerke,* Heidelberg 1986, S. 440.
25 Jer. 23,25 und Pred. 5,2 und 6, 1 Mose 37, 5 bis 11, Joel 3, 1 bis 5. Diese Aussage Joels wird in die Apostelgeschichte des Lukas (2,17) übernommen.
26 *Hermiae Sozomeni ecclesiastica historia lib* 2, cap 3. In: «Migne: Patrologia graeca», Band 67, S. 940 C bis 941 C.
27 In: *Acta Apostolorum hom 46.* In: «Migne: Patrologia graeca», Band 60, S. 326.
28 Zitiert nach Medard Boss: «Der Traum und seine Auslegung», München 1974, S. 154.
29 Referiert nach Werner Kemper: «Der Traum und seine Bedeutung», 4. Auflage, Reinbek 1955, S. 120.

30 Zitiert nach Robert Bossard. Siehe Anm. 1, S. 229.
31 Zitiert nach Heinrich Dumoulin: «Geschichte des Zen-Buddhismus», 2. Band, Bern 1986, S. 122.
32 Sophie Scholls Tagebucheintrag vom 9.8.1942, in: Hans Scholl / Sophie Scholl: «Briefe und Aufzeichnungen», Frankfurt 1984.
33 Friedrich Hebbels Tagebucheintragung vom 3.6.1847, zitiert nach Robert Bossard. Siehe Anm. 1, S. 242 f.
34 Dilip Kumar Roy / Indira Devi: «Der Weg der großen Yogis», Bern und München 1973, S. 200 f.
35 Zitiert nach Martin Kiessig. Siehe Anm. 9, S. 25.
36 Zitiert nach Martin Kiessig. Siehe Anm. 9, S. 40 f.
37 Zitiert nach Josephie Bilz: *Menschliche Reifung im Sinnbild.* In: Wilhelm Laiblin (Hrsg.): «Märchenforschung und Tiefenpsychologie», Darmstadt 1969, S. 167 f.
38 Zitiert nach Robert Bossard. Siehe Anm. 1, S. 211 f.
39 Referiert nach Wilhelm Horkel: «Botschaft von drüben, Stuttgart» o.J., S. 29.
40 Jehan Sadat: «A Woman of Egypt», deutsch: «Ich bin eine Frau aus Ägypten», 17. Auflage, Bern / München / Wien 1994, S. 360.
41 Referiert nach Rudolf Frieling: *Abraham Lincoln.* In: «Die Christengemeinschaft», April 1965, S. 117.
42 Elisabeth Kübler-Ross: «On Children and Death», deutsch: «Kinder und Tod», Zürich 1984, S. 152 f.
43 Zitiert nach Caroline von Heydebrand: *Kinderträume.* In: «Erziehungskunst», 8. Jahrgang, Heft 6, S. 276.
44 Zitiert nach Martin Kiessig. Siehe Anm. 3, S. 93.
45 Zitiert nach Martin Kiessig. Siehe Anm. 3, S. 56 f.
46 Elisabeth Kübler-Ross. Siehe Anm. 42, S. 44 f.

47 Zitiert nach Medard Boss. Siehe Anm. 28, S. 214 f.

48 Gundhild Kacer-Bock: «Emil Bock», Stuttgart 1993, S. 94.

49 Abram Terz: «Eine Stimme im Chor», Wien / Hamburg 1974, S. 97.

50 Christa Meves: *Jenseits des Todes.* In: Alfons Rosenberg: «Leben nach dem Sterben», München 1974, S. 72.

51 Friedrich Hebbels Tagebücher, Eintrag vom 24.3.1860.

52 Gustav Richard Heyer: *Prospektive Kräfte im Traum.* In: «Dialog über den Menschen», Festschrift für Wilhelm Bitter, Stuttgart 1968.

53 Sigmund Freud: *Traum und Telepathie* (1922). In: «Gesammelte Werke», Band 13, S. 180.

54 Ebd., S. 188.

55 Homer: «Ilias», *Dreiundzwanzigster Gesang,* Vers 65 bis 81.

56 Augustinus Aurelis in: *De cura mortuis gerenda.* Zitiert nach Jacques Le Goff: «Die Geburt des Fegefeuers», Stuttgart 1984, S. 102.

57 Elisabeth Kübler-Ross. Siehe Anm. 42, S. 201 f. und S. 160.

58 Alois Wenzel: «Theorie der Begabung». 2. Aufl. 1957.

Weiterführende Literatur

Stefan Leber: Der Schlaf und seine Bedeutung.
Geisteswissenschaftliche Dimensionen des Un- und Überbewussten. Verlag Freies Geistesleben, Stuttgart 1996. – In diesem Buch wird auf dem Hintergrund von Aussagen Rudolf Steiners die vielschichtige Welt des Schlafes und der Träume erschlossen.

Karl König: Über die menschliche Seele.
Verlag Freies Geistesleben, Stuttgart ²1992. – Karl König, Arzt und Heilpädagoge, hat in seiner bereits 1959 veröffentlichten Studie eine Fülle von authentischen Beschreibungen des Seelenlebens und auch über das Land der Träume gegeben. Sie vermögen auch den heutigen Leser noch zu fesseln.

Von den zahlreichen über das ganze Werk verstreuten Äußerungen Rudolf Steiners über den Traum seien genannt:

Rudolf Steiner: Vom Leben des Menschen und der Erde. Über das Wesen des Christentums.
Vorträge für die Arbeiter am Goetheanumbau, Band III. – Gesamtausgabe (= GA) Bibl.-Nr. 349, Rudolf Steiner Verlag, Dornach ²1980. Darin der Vortrag am 9. April 1923.

Rudolf Steiner: Vom Seelenleben.
In: *Der Goetheanumgedanke inmitten der Kulturkrisis der Gegenwart.* GA 36, Rudolf Steiner Verlag, Dornach 1961. Auch als Einzelausgabe erhältlich. – In vier Aufsätzen geht Rudolf Steiner den Eigentümlichkeiten der Seelenwelt und der Träume nach.

ISBN 3-7725-1255-0
317 Seiten, kartoniert

Die festen Grenzen, innerhalb derer sich unser Bewusstsein seit Anbruch der Neuzeit entwickelt hat, beginnen sich heute mehr und mehr aufzulösen. Vor allem die Grenze zum eigenen Inneren, die uns von den in der Tiefe ablaufenden Leibes- und Seelenvorgängen trennt, ist durchlässig geworden. Unbekannte, zwingende Kräfte drängen sich in unser Bewusstsein, sie werden als Ängste oder Depressionen erlebt und hindern den Menschen an der Entfaltung seiner freien Individualität.
Bernard Lievegoed wirft Licht in die Regionen, die unserem gewöhnlichen Bewusstsein entzogen sind. Dabei bezieht er die überbewussten Bereiche des Menschen mit ein. Die Individualität, so wird deutlich, muss die seelische Welt bewusst ordnen und stärken, wenn diese im Gleichgewicht bleiben soll. Biografische Krisen eröffnen unter diesem Aspekt immer auch neue Entwicklungsmöglichkeiten.

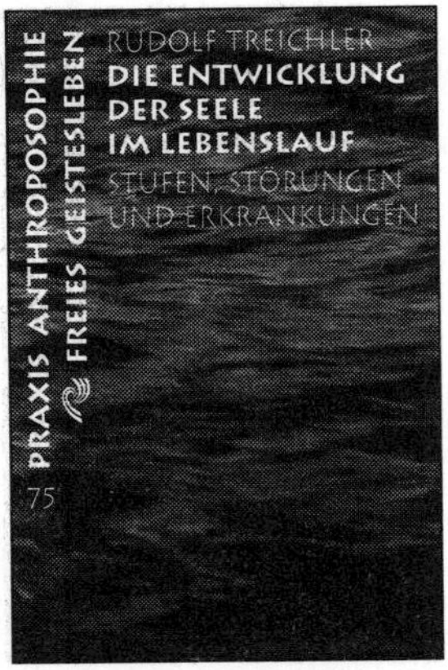

ISBN 3-7725-1275-5
500 Seiten, kartoniert

Die Lebenskrisen, die heute jeder Mensch mehr oder weniger kennt, deuten auf Schwierigkeiten, die häufig an den Wendepunkten des Lebens auftreten. Kann der Mensch diese Wendepunkte durch bewusste Lebensführung auf richtige Weise erkennen und gestalten? Welche Gesetzmäßigkeiten liegen den Entwicklungsrhythmen des Lebenslaufes zugrunde?
Rudolf Treichler hat mit diesem Werk seine Lebensarbeit vorgelegt, die er in Vorträgen, Seminaren, Aufsätzen, nicht zuletzt in der Praxis als Facharzt für Psychiatrie und Neurologie entwickelt hat. Der gesamte Umkreis der seelischen Welt, ihre Möglichkeiten und Kräfte, wird hier ausführlich und konkret dargestellt. Im Rahmen der biografischen Entwicklungsgesetze werden die für jedes Lebensalter spezifischen Formen des Seelenlebens, ihre natürlichen Anlagen und ihre Tendenzen zu Entgleisungen beschrieben. Diagnostische und therapeutische Gesichtspunkte, auch zur Selbsthilfe, werden angeführt.

Verlag Freies Geistesleben

ISBN 3-7725-0081-1
368 Seiten, kartoniert

«Sie werden einen ungeheuren Lichtblitz auf Ihr ganzes Seelenleben werfen können, wenn Sie das eine Einzige nur voraussetzen: dass alles, was Begehrungen, Wünsche, Interessiertsein, was die Phänomene von Liebe und Hass sind, einen Strom darstellt im Seelenleben, der gar nicht fließt von der Vergangenheit in die Zukunft, sondern der uns entgegenkommt von der Zukunft, der von der Zukunft in die Vergangenheit fließt.» *Rudolf Steiner*

Aufgabe einer spirituellen Psychologie ist es, die Wege aufzuzeigen, wodurch der Mensch sich selbst als Seele und als Geist erleben und erkennen kann. Die in diesem Band zusammengestellten Texte bieten hierfür eine wesentliche Grundlage.